© Autor: Gabriel Rodríguez Morales.
Correcciones: Tamar Ortega Moya.
Reservados todos los derechos al autor y a sus herederos legales.
Todas las fotografías e imágenes son de dominio público.
Portada: Versión de Andrés Morales Pérez de *Ejecución a garrote de un asesino en Barcelona en 1873*, de la serie *Viaje por España* (1874). Obra de Gustave Doré (1832-1883).
ISBN13: 978-84-943327-6-0
Depósito Legal: CA 508-2015
Edita: Asociación Cultural Tántalo

Dedicado a mi padre, Antonio,
y a mi madre, Elvira.
Entre las dificultades diarias
se esforzaron por educar
y dar lo mejor a sus hijos.

PROLOGO

Cuando Gabriel Rodríguez Morales me propuso que prologara este libro, acepté inmediatamente impulsado por la buena sintonía que había existido entre nosotros en torno al recuerdo de la figura de su padre, D. Antonio Rodríguez Lorca, impulsor y presidente de la Asociación Cultural "Tántalo" y de la revista del mismo nombre, así como de la colaboración de Gabriel en la edición de mi reciente libro *Orégano y Bronce*. Cuando he leído el proyecto de libro he quedado impresionado por la calidad del mismo así que no es ocioso decir que es para mí un gran honor escribir en él estas líneas.

El libro es tan interesante que me atrevo a suponer que la mayoría de los lectores -como hice yo- lo van a leer "de un tirón".

Describe minuciosamente hasta diecinueve formas de ejecución en un período de tiempo que transcurre desde hace más de tres mil años hasta nuestros días y en un espacio que comprende todos los territorios de la Tierra. Esta situación en el tiempo y el espacio junto con el rigor, precisión, autenticidad y oportunidad de todo tipo de notas y documentos, va conduciendo al lector en los entornos y períodos de la historia de la humanidad de tal modo que se tiene la sensación de que estamos asistiendo a una representación "cuasifílmica" de cada una de las terribles situaciones. Precisamente por ello, aunque de antemano el autor nos expone su propósito de neutralidad y, desde luego, lo consigue ya que en absoluto permite el morbo, la "moralina" o la petulancia, el lector está convencido de que está ante una obra que requiere y hace necesario el discernimiento y la reflexión de filósofos, filólogos, antropólogos, juristas... y, por supuesto, de cada uno de nosotros.

Por mi parte, me permito expresar mis emocionadas y aún indignadas consideraciones sobre las consecuencias de los poderes mal entendidos; de la fragmentación de las sociedades en estratos sociales injustamente jerarquizados, donde, si algo resulta palmario, es la injusticia que de una manera sistemática padecen los más débiles: vencidos, esclavos, pobres, disidentes de los dogmatismos religiosos más ridículos y distantes de los fundadores de las creencias (en especial en el caso del Cristianismo), de los prejuicios sexuales y de la injustísima, dolorosísima, anacrónica y estúpida vulneración de la dignidad de la mujer como sujeto de la Historia. Me consta que Gabriel, como buen jurista y digna persona, celebrará la desaparición del antiguo régimen y que en nuestra Constitución quede prohibida la pena de muerte (aunque yo suprimiría también lo que dice el último párrafo del artículo 15). Igualmente convenimos en el deseo que esta prohibición sea universal.

Espero que este buen libro tenga muchos lectores por el bien de la dignidad humana.

Gervasio M. Hernández Palomeque.

NOTA DEL AUTOR

La pena de muerte es, seguramente, la condena más polémica de todas las existentes. Sin embargo, este libro no analiza si dicha pena es moral o no, sino los medios de ejecución utilizados. El fomento de internet ha posibilitado la publicación de imágenes y vídeos explícitos para satisfacer el oscuro interés de muchas personas por ver el sufrimiento de otros. Este interés no es nuevo, ya que a lo largo de la historia las ejecuciones fueron concurridos espectáculos públicos. Pero este libro carece de intención morbosa por parte del autor, motivo por el que se ha evitado incluir imágenes que, por ser demasiado explícitas o violentas, pudieran dar a entender que tienen otro ánimo distinto del ilustrativo.

Históricamente, se pasó de una ejecución privada o familiar a una ejecución impuesta por la autoridad del clan, el imperio o el estado. Este libro se centra en estas últimas, aunque en algunos casos se haga referencia a algunas formas o variantes utilizadas en ámbitos menos institucionalizados. De los múltiples medios utilizados, algunos han resultado ser especialmente cruentos y dirigidos a aumentar el sufrimiento de la víctima precedido, en muchos casos, de tortura; pero el tormento sólo es analizado de soslayo, puesto que sería un tema para tratar en otro libro. A continuación, se puede realizar un paseo por los principales medios de ejecución que se han utilizado a lo largo de la historia ordenados alfabéticamente.

ANIMALES COMO INSTRUMENTO DE EJECUCIÓN

En este capítulo examinaremos varios supuestos en los que el instrumento utilizado para causar la muerte de un hombre es un animal. Quedan fuera de este capítulo los casos en los que cada extremidad del sujeto era atada a un caballo que, al tirar, provocaba el desmembramiento del individuo; dicho episodio es estudiado dentro del capítulo dedicado al "descuartizamiento".

Arrojado a las fieras

Esta forma de ejecución suponía dejar al condenado expuesto a la acción de animales fieros a los que, generalmente, se dejaba sin comer durante largo tiempo para que así despedazaran y se comieran al reo. El condenado podía ser atado o quedar suelto; asimismo, podía serle entregada algún arma para defenderse o dejarlo indefenso.

El primer relato escrito sobre este tipo de ejecución se encuentra en la Biblia, cuyos hechos sucedieron supuestamente en torno al siglo VI a. C. El rey Darío condenó al profeta Daniel a ser encerrado en el foso de los leones para que fuese devorado. Según el relato bíblico, allí pasó Daniel toda la noche y cuando el rey fue a la mañana siguiente lo encontró sano y salvo. Darío le perdonó la vida y mandó arrojar al foso de los leones a aquellos que habían denunciado a Daniel junto con sus mujeres e hijos. Estos no corrieron tanta suerte y aún «no habían llegado aún al fondo del foso, cuando ya los leones se apoderaron de ellos y les trituraron todos los huesos» (Daniel 6).

En Asia parecía no ser extraña dicha forma de ejecución. Hasta nosotros ha llegado el relato de Lisímaco (siglo IV-III a.c.), condenado a ser devorado por un león por orden de Alejandro Magno (siglo IV a.C.). Sin embargo, Lisímaco iba armado y le cortó la lengua al león para posteriormente matarlo. Alejandro, impresionado por dicho acto, le perdonó la vida y trabaron una gran amistad[1].

En la Antigua Roma el arrojar un hombre a las bestias (*damnatio ad bestias*) se convirtió en un espectáculo en el circo, junto con las peleas de gladiadores (*ad ludium gladiatorum*). Se diferenciaba de un combate normal (*venatio*) en que en la *damnatio ad bestias* el individuo era expuesto a animales salvajes atado o sin armas. En caso de que saliera con vida, el reo era, generalmente, rematado. Dicha forma de ejecución se introdujo en Roma al final de la República y se hizo más frecuente durante el Principado[2]. Aunque la *damnatio ad* bestias era una pena reservada inicialmente a los esclavos, también se aplicó a los hombres libres[3]. En el mundo romano, junto a la ejecución institucionalizada mediante la *damnatio ad* bestias, fueron muchos los condenados a morir, sin juicio previo, entre las garras o colmillos de los animales. Y no sólo fueron utilizados con dicha finalidad los animales terrestres, sino también los acuáticos; por ejemplo, Craso engordaba a sus morenas con carne de esclavos, mientras que Vedio Polión mandó arrojar a un esclavo a un estanque de morenas por haber roto una jarra de cristal[4]. Estos dos últimos casos expuestos ponen de manifiesto cómo junto

---

[1] PATXOT Y FERRER, Fernando. *Los héroes y las grandezas de la Tierra. Tomo segundo* (pág. 91) Imprenta de Cervantes, 1855.

[2] CHURRUCA DE, Juan. *Cristianismo y mundo romano* (pág. 430). Universidad de Deusto, 2009.

[3] CASTRO-CAMERO DE, Rosario. *El crimen Maiestatis a la luz del Senatus Consultor de Cn. Pisone Patre* (pág. 57). Universidad de Sevilla, 2000.

[4] CANTÚ, César. *Historia Universal, tomo X* (pág. 465). Imprenta de Gaspar y Roig, 1868.

a formas de ejecución formales como la *damnatio ad bestias* había formas de ejecución caprichosas o espontáneas en las que el esclavo solía ser el objetivo. Volviendo a la *damnatio ad bestias* como pena impuesta por la autoridad, muchos cristianos, que en numerosas ocasiones eran hombres libres y ciudadanos romanos, fueron arrojados a las fieras. Por razones religiosas, en nuestro contexto cultural son muy conocidas las muertes de cristianos en el circo romano por las fauces y garras de las fieras. Fue Nerón el que ordenó la primera persecución contra los cristianos en el año 64 cuando se les acusó de incendiar Roma. A la primera persecución le siguieron varias al considerarse el cristianismo una religión perniciosa. En las ejecuciones de cristianos fue muy utilizada la *damnatio ad bestias,* en la que se introducían algunas modificaciones según se veía oportuno; por ejemplo, en la persecución ordenada por Nerón, muchos cristianos fueron cubiertos con pieles de animales y perseguidos por perros de caza.

La pena de ser arrojado a las fieras no desapareció con Roma, sino que se mantuvo entre los más diversos pueblos a lo largo de los siglos. Por ejemplo, en Castilla, Las Siete Partidas (siglo XIII) recogían la posibilidad de ejecutar la pena de muerte arrojando al condenado a las «bestias bravas» en casos como la Ley 22, en la que se prevé dicha pena para el esclavo «que hurta los hijos de un hombre libre o esclavo para venderlos en tierra de enemigos o para servirse de ellos como siervos»[5].

La condena de ser arrojado a las fieras se mantuvo durante siglos incluso aunque no se estableciera por la legislación vigente como medio de

---

[5] Sin embargo, en el caso de que el que cometiera el delito fuese hidalgo era condenado perpetuamente a galeras y si era un hombre libre era ejecutado sin especificar la forma de ejecución. VIZCAÍNO PÉREZ, Vicente. *Compendio del Derecho Público y Comun de España, o de las Leyes de las Siete partidas, Volumen 2* (pág. 395). Imprenta de D. Joachín Ibarra, 1784

ejecución formal; por ejemplo, durante la conquista de América, algunos conquistadores utilizaron perros, generalmente adiestrados para la guerra, en el llamado "aperreamiento"[6].

Aunque desapareció de las leyes penales en tiempos modernos[7], el arrojar a las fieras a una persona o dejar que la devoren viva los animales ha seguido siendo utilizado de manera no institucionalizada empleando los más diversos animales: perros, buitres, serpientes, etc.[8]

Aplastamiento por elefante:

Este sistema era muy utilizado en Asia y, especialmente, en la India. No hay que ser demasiado gráfico para explicar en qué consistía el método, basta con pensar que el elefante asiático (*elephas maximus*) pesa unos 2700 kg. en el caso de las hembras y 3600 kg. en el de los machos. El elefante africano es aún más grande y pesado (hasta 7000 kg. el macho), pero no se ha llegado domesticar como los asiáticos y, por tanto, no ha sido utilizado con tanta frecuencia para tan sangrientos fines (salvo el elefante norteafricano, animal actualmente extinguido, que fue utilizado por los cartagineses[9]).

---

[6] WECKMANN, Luis. *La herencia medieval de México, Volumen 2* (pág. 436). Colegio de México, Fondo de Cultura Económica, 1994.

[7] La última noticia de la utilización de este sistema de ejecución por un Estado se produjo en 2013 cuando fue condenado por tratición Jang Song Thaek, tío de Kim Yong Un, líder de Corea del Norte. Jang Song Thaek, en lugar de ser fusilado, habría sido condenado (junto a sus cinco ayudantes) a ser devorado por ciento veinte perros de caza que llevaban cinco días sin comer (*Europa Press*, 3 de enero de 2014, según información publicada en el *Wen Wei Po*, portavoz del Partico Comunista Chino en Hong Kong). Sin embargo, dicha información no ha podido ser contrastada y muchos medios dudan de que ocurriera realmente.

[8] Cfr. SUEIRO, Daniel. *La pena de muerte: ceremonial, historia y procedimientos* (pág.18) Alianza Editorial, 1974.

[9] ROJAS PICHARDO, Daniel. *Criptozoología: El enigma de las criaturas insólitas* (pág. 126-127). Ediciones Nowtilus S.L., 2010.

Cuando los occidentales llegaron a la India relataron la horrible forma de ejecución, en algunos casos posiblemente exagerada por el relator, pero no cabe duda que muchos testimonios fueron fieles a la realidad[10]. Uno de los sistemas más utilizados consistía en atar al prisionero y dejar que el elefante fuera pisando y desmembrando zonas no vitales del sujeto para causar un gran sufrimiento de forma previa hasta, finalmente, pisarle la cabeza causándole la muerte. El otro sistema consistía en atar al sujeto a un árbol o poste y que fuera embestido por la bestia, matándolo al instante. Aunque algunos testimonios afirman que, en ocasiones, la muerte la causaba el elefante con sus colmillos, esto nunca ha sido confirmado.

Entre los pueblos occidentales que utilizaron en algún momento tal práctica se encuentran los macedonios (que utilizaban elefantes asiáticos), los cartagineses y los romanos. Habría que aclarar que en estos pueblos, en la mayoría de los casos, se utilizó únicamente para los desertores y prisioneros de guerra. Por ejemplo, tras la decisiva victoria de Roma sobre los cartagineses en la batalla de Zama (202 a.C), los romanos utilizaron los elefantes capturados para aplastar a los desertores[11].

Cuando el animal es el ejecutado

Aunque a los ojos del hombre moderno puede resultar extravagante que un animal fuera ejecutado por un delito, este hecho no era extraño en otros tiempos,

---

[10] ALLSEN, Thomas T. *The Royal Hunt in Eurasian History* (pág. 156), University of Pennsylvania Press, 2006; *Family Magazine: or monthly abstract of general knowledge, Volumen 2* (pág. 27), Redfield & Lindsay, 1835 y otras muchas fuentes.

[11] HARDING, Les. *Elephant Story: Jumbo and P.T. Barnum Under the Big Top* (pág. 82). McFarland, 2000.

especialmente durante la Edad Media. Actualmente, para el Derecho Penal, un animal no puede ser sujeto activo del delito ya que el animal es un inimputable porque carece de la capacidad de comprender el carácter ilícito de la conducta y de obrar conforme a ese conocimiento, tal y como es definida la imputabilidad por la mayoría de la doctrina[12]. Cuestión distinta es el reconocimiento de la responsabilidad civil por los daños causados por animales que, por ejemplo, en el art. 1905 de nuestro Código Civil se regula de la siguiente manera: «El poseedor de un animal, o el que se sirve de él, es responsable de los perjuicios que causare, aunque se le escape o extravíe. Sólo cesará esta responsabilidad en el caso de que el daño proviniera de fuerza mayor o de culpa del que lo hubiese sufrido». Una regulación por los daños provocados por animales que generaban responsabilidad en el dueño de los mismos ya era recogida por las sociedades del mundo antiguo[13].

Algunas obras han analizado la responsabilidad penal de los animales a lo largo de la historia. Entre dichas publicaciones destaca el libro publicado en 1906 por el norteamericano Edward Payson Evans (1831-1917) titulada *The criminal prosecution and capital punishment of animals* que analizaba los casos de ejecución de animales a lo largo de la historia[14]. En dicha obra se recoge un largo apéndice donde se relacionan varios procedimientos seguidos contra animales desde el siglo IX hasta 1906, fecha de publicación del libro, en la que un perro fue juzgado y ejecutado por haber participado en un robo y asesinato en Suiza[15]. Hasta

---

[12]Cfr. CEREZO MIR, José. *Curso de Derecho Penal Español. Parte General. Volumen 3.* (pág. 51 y sig.). Tecnos, 2001.

[13]Por ejemplo, la Biblia (Éxodo 21, 28-33) o el Derecho Romano (Ley de las XII Tablas mediante la *actio de pauperie* y la *actio de pastu pecorum*).

[14] También podemos recordar *The Prosecution and Punishment of Animals and Lifeless Things in the Middle Ages and Modern Times* (1916) de Walter H. Wyde, así como el artículo *The trial of animals and insects: a little known chapter of medieval jurisprudence*, publicado en 1917 por Hampton Lawrence Carlson

nosotros ha llegado, por ejemplo, el caso del abogado francés Bartolomé Chassenée (s. XVI) que se hizo muy conocido por haber defendido a unas ratas que eran acusadas de haber devorado la cosecha y que acabó especializándose en la defensa penal de los animales[16]. Su figura inspiró una película británica de suspense titulada *The Advocate* (1993), ambientada en la Francia del siglo XVI, en la que un cerdo es acusado de matar un niño. En 1386 fue juzgada en Falaise (Francia) una cerda por la muerte de un niño al que devoró un brazo y parte de la cara. Tras nueve días de juicio la cerda fue condenada a recibir las mismas mutilaciones que ésta causó al niño (por lo que se le cortó el morro y se le practicaron incisiones en el muslo), tras ello, fue disfrazada de hombre y se le puso una máscara. Una vez disfrazada fue colgada de los corvejones hasta que murió desangrada. Su cadáver fue atado a una criba y paseado varias veces por la plaza para, finalmente, quemar sus restos. El propio vizconde de la región pronunció la sentencia y presidió la ejecución que fue realizada ante el dueño del animal «para avergonzarlo» y ante el padre del niño «por no cuidar de su hijo». A la ejecución, además, se invitó a los campesinos junto a sus cerdos para que «les sirviese de enseñanza». El acontecimiento fue incluso plasmado en un fresco de la Santa Trinidad de Falaise, ya desaparecido[17]. En 1916 se ahorcó en un pueblo llamado Erwin (Tennessee, Estados Unidos) a una elefanta llamada Mary que había matado a su entrenador después de que éste le golpeara durante un espectáculo de circo celebrado en el cercano pueblo de Kingsport. En el momento del ataque, un herrero local que estaba viendo el espectáculo disparó su arma varias veces contra la elefanta, sin efecto. Decidieron ahorcarla

---

[15] Cfr. PAYSON EVANS, Edward. *The criminal prosecution and capital punishment of animals* (pág. 313 y sig.) Publicación original E. P. Dutton, 1906. Reproducción de The Lawbook Exchange, 2006.

[16] Cfr. op. cit. PAYSON EVANS, Edward. (pág. 18 y sig.)

[17] PASTOUREAU, Michel. *Una historia simbólica de la Edad Media occidental* (pág. 32-50). Katz Editores, 2006.

desde una grúa utilizada en el ferrocarril. En el primer intento, la cadena se rompió y la elefanta cayó al suelo rompiéndose la cadera. En un segundo intento y utilizando una cadena más gruesa, consiguieron su objetivo[18]. Pero no debemos pensar que juzgar y condenar a un animal por un delito es cosa del pasado; por ejemplo, en 2003 un perro llamado Chattou iba a ser ejecutado por su supuesta ferocidad, pero fue absuelto por un tribunal de la India. En 2008 el mismo perro fue acusado de alterar el orden público y el perro tuvo que personarse ante el tribunal para que éste examinara su comportamiento. El mismo perro compareció ante el tribunal para "escuchar" el veredicto. El resultado fue la absolución del can[19]. No debe resultar extraño dicho caso, puesto que en 2007, en la misma India, fueron llamados a testificar dos dioses en un pleito sobre tierras, cosa que en Occidente resulta impensable[20]. En todo caso, y a pesar de lo expuesto, surge la duda de si no es una forma de pena capital la imposición administrativa de "condenar" a muerte, por ejemplo, a un perro sin dueño que pasa un tiempo en la perrera sin ser adoptado. También podrían incluirse los permisos para cazar algunos animales en determinados lugares y épocas del año. En el primero de los casos suele utilizarse la inyección letal, mientras que en el segundo es, generalmente, un disparo el que acaba con la vida del animal. Evidentemente, en estos casos no se siguen procedimientos penales, ni siquiera judiciales, pero podría pensarse que es una forma de imponer la pena de muerte a un animal bajo forma de permiso o sanción dentro de la legislación administrativa.

---

[18] *Daily Mail, on line, 14 de febrero de 2014.*

[19] *BBC, 28 de julio de 2008: http://news.bbc.co.uk/2/hi/south_asia/7528199.stm*

[20] *BBC, 7 de diciembre de 2007:*
http://news.bbc.co.uk/hi/spanish/misc/newsid_7133000/7133399.stm

ASFIXIA

La asfixia produce una falta de oxígeno (también llamada hipoxia o anoxia) al impedir o dificultarse la respiración. La hipoxia conduce a una deficiencia de oxígeno en las células que, en lo que respecta al cerebro, produce una muerte considerable de neuronas que acaba por provocar el fallecimiento del sujeto. Los métodos para producir la muerte por asfixia son variados y, entre ellos, el más conocido es la horca, que merece capítulo aparte. Aquí analizaremos el resto de métodos de ejecución basados en la asfixia.

En el Código de Hammurabi (s. XVIII a.C.) se establecía como forma de ejecución el ahogamiento. Se estableció dicha pena para quien tenía relaciones con la mujer que él mismo había elegido para su hijo, aunque se sustituiría la ejecución por una compensación en metálico si el hijo aún no había yacido con la mujer (ley 155); además, en dicha norma, se establecía para dichos casos que el padre fuera lanzado al agua atado, evitando que pudiera escapar con vida. También era contemplada la pena de ahogamiento para la adúltera y su amante, que serían lanzados al agua juntos y atados salvo que el marido perdonase a su mujer; además, en este caso, el rey podía indultar al amante (ley 129). En aquellos casos en los que una mujer era acusada de adulterio pero no era sorprendida *in fraganti*, la mujer sería arrojada al río (ley 132) sometiéndose a una especie de ordalía fluvial de manera que sería la divinidad quién decidiría salvarla o no según fuera inocente o culpable[21]. También se arrojaba al agua a la mujer que descuidaba, arruinaba y humillaba a su marido (ley 143). Un caso bastante llamativo es su ley 108, que recoge el caso en que una tabernera rebajara la calidad de la bebida servida y ésta

---

[21] Cfr. VV. AA. *Antropología de la religión* (pág. 368 y ss.) Editorial UOC, 2003.

hubiese sido pagada en grano. En este caso, la tabernera debía ser arrojada al agua. Aunque la mayoría ha interpretado que dicha pena consistía en una ejecución por inmersión[22], también cabe la posibilidad de que no supusiese necesariamente la muerte, sino que se permitía a la condenada que pudiera escapar del agua por sus propios medios, porque en este caso no se establecía expresamente que la condenada fuera atada.

Según algunos investigadores, los hebreos utilizaban la asfixia, siempre que la ley no especificara el suplicio que debía utilizarse, debido al principio de que en los casos en los que no se concretara la forma de ejecución debería utilizarse el menos cruel y afrentoso. Por lo tanto, se cumplía el principio de *stam mita*, según el cual si no se especifica la pena se estrangulará al condenado ya que, según el Talmud, dicha pena hace sufrir menos que la decapitación por sable[23]. La *Mishna* (ley oral judía) especifica a quiénes se les aplicaba el estrangulamiento: al secuestrador, al que golpeaba a su padre o madre, al anciano que producía o agitaba para un alzamiento contra una decisión del Gran Sanedrín de Jerusalén, al falso profeta, al que cometía adulterio con una mujer casada, al que acusaba falsamente de adulterio a la hija de un *cohen* (sacerdotes hereditarios descendientes directos de Aarón) o cometían adulterio con la hija de un *cohen* estando ésta casada. La *Mishna* explica la forma de ejecutarse: se entierra al delincuente hasta las rodillas en un muladar y se pasa un paño blando por su cuello; una vez colocado el mismo, dos personas tiran fuertemente de cada una de las puntas hasta que muere por asfixia[24].

---

[22] LUCANO, Mariano. *Penas de muerte* (pág. 63). Ediciones Granica, S. A., 2007.

[23] GOLDESTEIN, Mateo. *Derecho hebreo. Segunda entrega* (pág. 148). Casa Argentina en Israel Tierra Santa, 2010.

[24] Op. cit. GOLDESTEIN, Mateo (pág. 148).

En la antigua Persia se utilizaba el llamado "suplicio de la ceniza". Era aplicado a la alta jerarquía y consistía en llenar de ceniza hasta cierta altura una torre vacía a la que arrojaban al condenado; una vez hubiera caído en la ceniza, una máquina a manera de rueda revolvía la ceniza hasta que el reo moría ahogado[25].

En los pueblos germánicos era usada la pena de asfixia dependiendo del pueblo y la época. Así, Tácito escribía en su obra sobre los pueblos germánicos (*De origine et situ Germanorum*) cómo, hacia el año 100 a.c., los teutones castigaban a las prostitutas con la muerte extrayéndole las vísceras y ahogándolas entre excrementos[26]. En la misma obra, Tácito dice que a los «viles, cobardes y a quienes mancillan su cuerpo con sucios pecados (referido, según la mayoría de los investigadores, a los homosexuales), los sumergen en un pantano cubriéndolos de zarzo», mientras que los traidores y desertores eran colgados de los árboles, es decir, eran ahorcados[27]. Parece ser que el ser cubierto de zarzo era para impedir la vuelta del espíritu del ejecutado[28]. Heinrich Himmler (1900-1945), comandante en jefe de las SS, reconoció que la terrible práctica del ahogamiento en el pantano fue utilizada por algunos nazis durante el Tercer Reich para ejecutar a algunos homosexuales siguiendo a los antiguos germanos, pero el estado alemán del Nuevo Orden nunca lo institucionalizó como pena[29].

---

[25] BASTÚS Y CARRERA, Vicente Joaquín. *Diccionario Histórico Enciclopédico* (pág. 455). Librería de Alou Hermanos, 1892.

[26] Cfr. GONZÁLEZ RUIZ, Edgar. *La sexualidad prohibida: intolerancia, sexismo y represión* (pág. 122). Plaza Janés, México,. 2002.

[27] VV.AA. *Revue internationale des droits de l'antiquité, Volumen 41* (pág. 28). Office international de librairie, 1994.

[28] TÁCITO. *Vida de Julio Agrícola. Germania. Diálogo de los oradores. Edición de Betraiz Antón Martínez* (pág. 211). Ediciones AKAL, 1999.

[29] Cfr. BURLEIGH, Michael y WIPPERMANN, Wolfgang. *The Racial State: Germany 1933-1945* (pág. 193). Cambridge University Press, 1991.

Los griegos y romanos prefirieron el sistema de la horca, que analizamos aparte. En el mundo clásico se consideraba al ahorcado o estrangulado como un maldito. Algún autor piensa que el origen de la maldición se encontraba en que consideraban el estrangulamiento como una forma de decapitación o en que pensaban que el alma permanecía en el aliento y, al ser asfixiado, ésta quedaba atrapada dentro del cuerpo[30]. En el caso de los ahogados en el mar, cosa frecuente debido a las batallas navales de la época, se sumaba la imposibilidad de dar digna sepultura al cadáver, aspecto muy grave tanto en Grecia como en Roma y que podía condenar al alma del difunto a vagar sin destino[31].

En la Inglaterra del siglo XV, aquel que robaba una cuerda por valor de nueve peniques era atado de pies y manos, se le cortaba la lengua y la garganta, siendo arrojado posteriormente al mar[32]. En este caso, sin embargo, parece que moría debido al corte en la garganta y no ahogado.

En plena vigencia de las persecuciones religiosas se decretó en 1526 en Zurich (Suiza), donde había triunfado la Reforma de la mano de Zuinglio (1484-1531), que los anabaptistas fueran «ahogados en las aguas»[33]. El lugar elegido para la ejecución era, generalmente, el lago de Zurich y solían ser atados previamente para que no pudieran nadar[34].

---

[30] Cfr. CANTARELLA, Eva. *Los suplicios capitales en Grecia y Roma* (pág. 186). Ediciones AKAL, 1996.

[31] Cfr. ESPLUGA, Xavier y MIRÓ i VINAIXA, Mónica. *Vida Religiosa en la Antigua Roma*. Editorial UOC, 2003. – VV.AA.*La antigua Grecia: Historia política, social y cultural*. Editorial Crítica, 2012.

[32] Op. cit. SUEIRO, Daniel (pág.18).

[33] GARRIDO, Fernando. *Historia de las persecuiones religiosas políticas y religiosas ocurridas en Europa desde la Edad Media hasta nuestros días* (pág. 260). Imprenta y librería de Salvador Manero, 1864

[34] Se desconoce el número de anabaptistas ejecutados de esta manera, aunque sí se sabe que así murió en Zurich uno de sus líderes, Félix Manz (1498-1527).

A fines del siglo XIX se ejecutaba en Austria mediante un lento sistema que fue definido así por un periódico de 1893: «el procedimiento de estrangulamiento, que fue llevado a cabo en parte por medio de nudo corredizo y en parte por medio de la compresión de las vías respiratorias efectuada por el verdugo con sus propias manos». En el relato ofrecido por el periódico, el estrangulamiento duró cinco minutos[35].

En algunos pueblos africanos se usaba un sistema que Daniel Sueiro describe como un «dogal de cuero (...) que se mojaba y tensaba al máximo antes de colocarlo alrededor del cuello del reo; luego, eran expuestos al sol, de modo que el cuero se secaba, se contraía, y así ahogando, asfixiando, estrangulando lentamente...». Además, señala que dicha técnica ya la conocían los griegos y romanos antiguos[36].

En ocasiones, el ahogamiento con agua ha sido utilizado para la tortura, principalmente para obtener la confesión del reo, pero en más de una ocasión se ha provocado la muerte del detenido de forma más o menos accidental. Un método sencillo supone sumergir la cabeza de la víctima en el agua. Pero el más conocido es el denominado tormento del agua o la toca. Este sistema de tortura consiste en inmovilizar al reo, colocarle un paño de tela (de ahí el nombre de "toca") en la boca y echarle agua; el paño de tela acaba por empaparse, impidiendo que la víctima pueda respirar y provocando que el agua acabe siendo tragada lentamente por el sujeto. Aunque es frecuente recordar dicho método de tortura como propio de la Inquisición española, fue ampliamente utilizado por distintos estados para conseguir revelaciones de secretos. Este método no ha

---

[35] *St. James Gazette,* 8 de agosto de 1893, citado por op. cit. SUEIRO, Daniel (pág. 140).
[36] Op. cit. SUEIRO, Daniel (pág. 257-258).

dejado de utilizarse con el paso de los siglos, sino que ha seguido siendo empleado con diversas variantes, por ejemplo, usando un embudo por el que se vierte agua y obligando al reo a expulsar el agua volteando al mismo o saltando sobre su vientre[37]. El escritor francés Allec Mellor[38] presentó un estudio muy detallado sobre los distintos métodos de tortura utilizados en la guerra franco-argelina (1954-1962), entre los que se hallaban algunas variantes del ahogamiento, como sumergir a la víctima en una bañera de agua helada o llena de excrementos, así como el suplicio de la salchicha, en el que se sumergía al individuo en agua de mar con la cabeza fuera de la misma durante horas o días hasta que confesaba o moría. Aún más reciente fue la noticia de la utilización de la asfixia simulada para obtener información de los integristas islámicos detenidos en la prisión de Guantánamo[39], aunque no se ha acreditado ninguna muerte provocada por la utilización de dicho método. Actualmente, entre los métodos de asfixia simulada se distingue el "submarino seco", en el que se utiliza una bolsa de plástico, del "submarino mojado", en el que se utiliza el agua de forma similar al método tradicional.

Otro sistema de ejecución que causa la muerte al reo por asfixia es el garrote (también denominado garrote vil) en el supuesto de que no rompa las vértebras del condenado. En todo caso, este sistema es analizado en capítulo aparte.

---

[37] Cfr. op. cit. SUEIRO, Daniel (pág.267 y sig.) Alianza Editorial, 1974.

[38] Cfr. MELLOR, Alec. La dènonce la torture. Mame, 1972.

[39] Noticias Radio Televisión Española, 15 de enero de 2009. http://www.rtve.es/noticias/20090115/fiscal-general-obama-reconoce-que-eeuu-practico-tortura-durante-administracion-bush/220509.shtml

CÁMARA DE GAS

La cámara de gas supone, en primer lugar, el acondicionamiento de una habitación como cámara herméticamente cerrada; en ésta es encerrado el sujeto, generalmente atado, y es liberado un gas tóxico, en la mayoría de casos ácido cianhídrico (también llamado ácido prúsico y cianuro de hidrógeno) que posee un olor característico de almendras amargas[1]. La inhalación o la absorción del gas tóxico a través de la piel causan la muerte por diversos motivos: parálisis respiratoria en el caso de ácido cianhídrico, falta de oxígeno generalizada en el caso del monóxido de carbono, etc.

La primera referencia histórica sobre la utilización del gas para una ejecución data de fines del siglo XIX y ocurrió en Haiti, entonces colonia francesa[2]. Tras una importante revuelta contra las fuerzas coloniales, Napoleón ordenó a un comandante francés que introdujera a los rebeldes detenidos en la bodega de un barco, donde fueron asesinados con dióxido de azufre proveniente de la quema de petróleo. Se dice que murieron hasta 100.000 personas mediante este sistema[3]. Sin embargo, dicha información ha sido tachada de falsa por varios historiadores franceses.

La primera ejecución fehaciente mediante la cámara de gas se produjo el 8 de febrero de 1924 en los

---

[1] Precisamente, las almendras amargas poseen dos sustancias llamadas amigdalina y emulsina que, al entrar en contacto una con otra (como ocurre dentro de la boca al masticarse), generan, entre otras sustancias, ácido cianhídrico.

[2] Quedaría aparte la utilización del gas como arma de la que hay varios ejemplos: en China eran utilizadas las armas químicas ya en el siglo VI a.C., en la Guerras del Peleponeso (siglo V a.C.) se quemaba carbón, brea y azufre bajo las murallas durante los asedios, Leonardo da Vinci llegó a idear un arma que lanzaba proyectiles con arsénico y azufre, etc.

[3] Cfr. RIBBE, Claude. *Le Crime de Napoléon. Éditions Privé, 2005.*

Estados Unidos de Norteamérica, concretamente en el estado de Nevada. El ejecutado se llamaba Gee Jon, un chino que emigró a los Estados Unidos a principios del siglo XX y se integró en una de las mafias chinas de la época, siendo condenado a muerte por el asesinato del miembro de una banda rival. Desde hacía tiempo se buscaba un modo de ejecución más "humano" que la horca y se pensó que el gas podía provocar una muerte tranquila, similar a la entrada en un sueño. En un primer momento se barajó la posibilidad de soltar el gas en la celda del reo mientras dormía, pero la ventilación de la misma habría provocado que el gas se extendiese por la prisión afectando a los demás presos. Debido a dichas dificultades técnicas se decidió construir una cámara de gas en la propia prisión que asegurara que el gas pudiera hacer su efecto sin peligro para los funcionarios y el resto de presos. Se utilizó ácido cianhídrico y Gee Jon quedó aparentemente inconsciente a los cinco segundo de soltar el gas, pero aunque parecía dormido, mantuvo los ojos abiertos y siguió moviendo la cabeza durante seis minutos más[4]. A la implantación en Nevada se fueron sumando la de otros estados: Colorado y Arizona, con sus primeras ejecuciones en 1934; Carolina del Norte en 1936; Wyoming en 1937; California, Missouri y Oregon en 1939. La Segunda Guerra Mundial hizo que el uso de las cámaras de gas fuera puesto en tela de juicio por la asociación de ideas por parte de la población entre dicho método de ejecución y la utilización de las cámaras de gas en los campos de concentración nazis, pero se decidió su implantación en Mississippi en 1955, en Maryland en 1957 y en Nuevo México en 1960 (donde se utilizó una sola vez). La primera mujer ejecutada por medio de la cámara de gas fue Ethel Leta Juanita Spinelli, apodada "La Duquesa" y cerebro de una banda dedicada al robo y al asesinato. "La Duquesa" fue ejecutada el 21 de noviembre de 1941, no sin antes

---

[4] JAMES, Ronald M. y REID, Jhon B, *Uncovering Nevada's Past: A Primary Source History of the Silver State* (pág. 108 y 109), University of Nevada Press, 2004; SIFAKIS,

maldecir a sus ejecutores: «Seis meses a partir de mañana mi sangre quemará agujeros en vuestros cuerpos»[5].

La cámara de gas fue el medio utilizado por la Alemania nazi en varios campos de concentración que pasaron a convertirse en campos de exterminio. El gaseamiento ya había sido utilizado en aplicación de la Aktion T4, junto a la inyección letal, dentro de un programa de eugenesia y eutanasia vigente desde 1939 a 1941. Sin embargo, se siguió utilizando la cámara de gas hasta el fin de la Segunda Guerra Mundial en los campos de concentración, primero a los enfermos incurables y los minusválidos físicos y psíquicos, para posteriormente hacerlo de forma generalizada, especialmente por motivos raciales (el conocido Holocausto), utilizando, principalmente, el sistema de cámaras de gas[6]. Para las ejecuciones se usó, mayoritariamente, el Zyklon B, potente pesticida cuyo componente activo era el ácido cianhídrico. Millones de personas murieron en las cámaras de gas disfrazadas como cuartos de desinfección y duchas.

La utilización de la cámara de gas en los campos de exterminio promovió una corriente pública contraria al uso de las mismas como medio de ejecución. La *Royal Comission on Capital Punishment* del Reino Unido estudió en 1953 la posibilidad de sustituir el ahorcamiento por otro medio de ejecución y, aunque concluyó que la cámara de gas era mejor que el ahorcamiento porque «causa la muerte sin violencia y no deja ninguna marca

---

[5] KAY Gillespie, L. *Executed Women of the 20th and the 21st Centuries* (pág. 56-57).University Press of America, 2009.

[6] Cfr. ALY, Gotz, *"Aktion T4": 1939-1945; die "Euthanasie"-Zentrale in der Tiergartenstraße 4*, Hentrich Druck, 1987; BENSOUSSAN, Georges, *Historia de la Shoa* (pág. 57 y sig.), Anthropos Editorial, 2005. JIMÉNEZ HERRANZ, María Dolores, *Instrucciones previas. El derecho a la autodeterminación del paciente terminal. Tomo VI. Biomedicina y Derecho Sanitario* (pág. 488), ADEMAS Comunicación, S.L.

en el cuerpo», ésta generaba «crueles asociaciones», en clara referencia a los campos de exterminio nazis[7].

La ejecución por medio de la cámara de gas también ha presentado sus problemas, sobre todo a la hora de atar al reo a la silla, situada en el centro de la cámara. Si el condenado ofrecía resistencia era necesaria la presencia de varios guardias para intentar reducirlo y, cuanto más fuerte era físicamente, más difícil era sujetarlo[8]. También han surgido dudas acerca de si la muerte es o no indolora, sobre todo por la expresión facial de los condenados durante y tras la ejecución; sin embargo, son varios los que afirman que esas expresiones son actos inconscientes, ya que la consciencia se pierde a los pocos segundos de inhalar el gas[9]. En alguna ocasión, una llamada de teléfono por parte de la autoridad competente ha aplazado la ejecución de la pena capital cuando el reo se encontraba en el mismo cadalso, pero en otras ocasiones esa llamada ha llegado demasiado tarde. Así ocurrió, por ejemplo, durante la ejecución de Burton W. Abbot (1957) en la que la llamada aceptando el aplazamiento llegó unos minutos tarde, cuando el cianuro ya se había liberado[10]. Algo similar ocurrió con Caryl Chessman en 1960, que se convirtió, una vez preso, en un activista contra la pena capital y cuya llamada de aplazamiento de la ejecución llegó cuando ya se habían liberado las cápsulas de cianuro. Esto fue debido a que la secretaria

---

[7] Citado por BRYANT, Clifton D., *Handbook of Death and Dying* (pág. 364), SAGE, 2003.

[8] Esto ocurrió, por ejemplo, durante la ejecución de Husky Roberto O. Pierce, de 27 años, ejecutado en la prisión de San Quintín (California), quien primero intentó suicidarse en su celda cortándose la garganta y fue arrastrado mientras sangraba profusamente hasta la cámara de gas, donde se necesitaron hasta cinco guardias para conseguir atarlo a la silla. ELMER, Harry y TEETER, Negley K. *New horizons in criminology* (pág. 311). Prentice Hall, 1963.

[9] Cfr. SUEIRO, Daniel (pág. 209-2011).

[10] En primer lugar tuvo que contactarse con el gobernador, que en esos momentos se encontraba navegando, y presentar varios recursos que eran sucesivamente aceptados y rechazados hasta que la llamada que aceptaba el aplazamiento llegó cuando se había consumado la ejecución.

del juez había equivocado el número en la primera llamada y la segunda llegó algunos segundos tarde, aunque también hay quién pensó que el retraso fue intencionado[11]. También podemos recordar el caso de Jimmy Lee Gray, condenado por violación y asesinato; en su caso el gas provocó que su cuerpo se sacudiera violentamente, golpeándose su cabeza repetidamente contra una barra de metal situada a su espalda hasta que a los ocho minutos, mientras aún estaba vivo y seguía contorsionándose entre_gemidos lastimeros, ordenaron parar la ejecución y limpiar la cámara de gas. Jimmy Lee Gray falleció posteriormente debido a la inhalación del gas y los golpes recibidos[12].

En la actualidad, la cámara de gas sólo se mantiene en algunos estados norteamericanos de manera secundaria a elección del preso, utilizándose preferentemente la inyección letal. En Corea del Norte el antiguo jefe de seguridad del campo de concentración número 22, situado en Haengyong, afirmó en el año 2004 que en dicho campo se había gaseado a prisioneros y a familias enteras[13].

---

[11] Op. cit. SUEIRO, Daniel (pág. 205-209).

[12] BURKHEAD, Michael Dow. *A Life for a Life: The American Debate Over the Death Penalty* (pág. 37). McFarland, 2009.

[13] *Diario El País, 4 de febrero de 2004.*

CICUTA

La cicuta (*conium maculatum*) es una planta que pertenece a la familia de las umbelíferas y, por lo tanto, similar en su apariencia física al anís, el hinojo o el perejil. La cicuta tiene un olor fuerte que se convierte en fétido cuando se frotan las hojas. La planta ha sido usada medicinalmente, con mayor o menor éxito, para el asma, el cáncer, las neuralgias y otras muchas dolencias debido a la presencia de varios principios activos. Sin embargo, aquí vamos a analizar su uso para causar la muerte, destacando que, aunque hay varios tipos de cicuta, no todas tienen las mismas propiedades venenosas.

El principio activo de la cicuta que produce la muerte por ingestión es la coniína (también llamada cicutina), un alcaloide con efectos neurotóxicos[1], aunque ya Galeno señalaba que la cicuta no es venenosa si no se toma en suficiente cantidad[2]. Para preparar la cicuta se trituraba la planta (especialmente la semilla), se maceraba en agua o se cocía ligeramente y, posteriormente, se mezclaba con vino. La supuesta ausencia de dolor en el proceso que llevaba a la muerte ha hecho que muchos la llamen "muerte dulce".

La muerte más famosa por ingestión de cicuta fue la del filósofo Sócrates, acusado de ateísmo, de actuar contra las leyes de la ciudad y de subvertir a los jóvenes. Platón nos cuenta con detalle la muerte del maestro Sócrates (470-399 a.C.) en la obra *Fedón* y nos muestra

[1] KOTSIAS, Basilio A. *Medicina (Buenos Aries). Revista Trimestral. 1999, 59.* Fundación Revista Medicina (pág. 211-214).

[2] QUER Y MARTÍNEZ, José. *Dissertacion physico-botanica sobre el uso de la cicuta, donde se manifiesta qual sea la verdadera y de quien deben esperarse los maravillosos efectos que de su administración se experimentan en el Cancer, Scrophulas, Schirros y otros afectos de efta naturaleza* (pág. 9 y 10). Joachín Ibarra, 1764.

los efectos del veneno. En dicha obra, la cicuta no es denominada con su nombre propio en griego (*koenion*), sino con el más genérico *pharmakon*, término más amplio que podía significar veneno, remedio curativo, pócima mágica o tinte[3]. Algunos creen que la utilización de dicho término por Platón tiene un contenido filosófico al constituir la cicuta un medio de liberación catártica para Sócrates[4]. Platón nos cuenta lo acaecido durante la muerte de Sócrates, en la que estuvieron presentes algunos de sus discípulos (no así Platón, que sí estuvo durante el juicio), relatando cómo al llegar el carcelero, Sócrates le preguntó qué debía hacer y éste le contestó que, tras tomar el veneno, no tenía más que pasearse, mover las piernas y tenderse en la cama hasta que el veneno hiciera efecto. Tras tomar Sócrates la bebida preparada con cicuta, Platón cuenta en el *Fedón* lo sucedido:

«Sócrates, que continuaba paseándose, dijo al cabo de un rato que notaba ya un gran peso en las piernas y se echó de espaldas en el lecho, como se le había ordenado. Al mismo tiempo se le acercó el hombre que le había dado el tóxico, y después de haberle examinado un momento los pies y las piernas, le apretó con fuerza el pie y le pregunto si lo sentía: Sócrates contestó que no. Enseguida le oprimió las piernas y, subiendo más las manos, nos hizo ver que el cuerpo se le helaba y tornaba rígido. Y tocándolo nos dijo que cuando el frío llegara al corazón nos abandonaría Sócrates. Ya tenía el abdomen helado; entonces se descubrió Sócrates, que se había cubierto el rostro, y dijo a Critón: debemos un gallo a Esculapio; no te olvides de pagar esa deuda. Fueron sus últimas palabras. Lo haré, respondió

---

[3] COLMEIRO, José F. *Memoria Histórica e Identidad Cultural: De la Postguerra a la Postmodernidad* (pág. 158). Anthropos Editorial, 2005.
[4] CARO VALVERDE, María Teresa. *La escritura del otro* (pág. 24-25). Editum, 1999.

Critón; pero piensa si no tienes nada más que decirme. Nada contestó; un momento después se estremeció ligeramente. El hombre entonces le descubrió del todo; Sócrates tenía la mirada fija, y Critón al verlo le cerró piadosamente los ojos y la boca»[5].

Como ya dijimos, el principio activo que causa la muerte en la persona que ingiere cicuta en suficiente cantidad es la coniína, que es un agonista de los receptores nicotínicos, localizados en los ganglios del sistema nervioso autónomo, en la unión neuromuscular y en el sistema nervioso central[6]. La ingesta de una dosis grande de agonistas de los receptores nicotínicos que carecen de un sistema de hidrólisis local, como la cicuta, estimula los receptores y esto es seguido por una abolición de la respuesta, produciendo la desensibilización en la unión neuromuscular y, por tanto, la parálisis de los músculos voluntarios y trastornos vegetativos y de los impulsos a nivel del sistema nervioso central[7]. Todo ello desembocaría en la muerte del condenado. Sin embargo, la placentera muerte de Sócrates, tal y como es descrita por Platón, contrasta con la descripción de la muerte por cicuta realizada por Nicandro (s. II a.C.) en su obra *Alexipharmaca*:

«Una horrible asfixia bloquea
la parte baja de la garganta y el pasaje más estrecho
de la tráquea;
las extremidades se enfrían, y en su interior,
las arterias,
por fuertes que sean, se contraen. Durante un rato,
el paciente jadea
como su estuviera a punto de desmayarse, y su

[5] PLATÓN. *Fedón.*(pág. 58). Tecnibook, 2011.
[6] VV.AA. *Comparison of nicotin receptor binding and biotransformaion of coniine in the rat and chick.* (pág. 175-183) Toxicol left, 1996.
[7] KOTSIAS, Basilio A. *Medicina (Buenos Aries). Revista Trimestral. 1999, 59.* Fundación Revista Medicina (pág. 211-214).

espíritu ya divisa
la tierra de los muertos».

La descripción anterior induce a pensar en una muerte angustiosa por asfixia. Posiblemente, el sufrimiento previo a la muerte dependería de la variedad de la planta y su toxicidad, de la cantidad tomada y de si era mezclado con hojas de adormidera (opio) que aumentaría el efecto sedante[8].

Aunque el caso más famoso es la muerte de Sócrates, la ingesta de cicuta era habitualmente empleada como instrumento de ejecución en la antigua Grecia[9]. Por ejemplo, el general Foción (400-318 a.C.) fue acusado de alta traición y condenado a tomar cicuta[10]. Gracias a Plutarco sabemos incluso que la tarifa de una porción de veneno en época de Foción era de doce dracmas, ya que junto a éste fueron ejecutados varios condenados y, tras terminarse el veneno, el ejecutor pidió dicha cantidad para elaborar la dosis que debería tomar el general condenado[11]. El precio de la cicuta resultaba muy alto, ya que autores han comparado el precio de la cicuta con el precio del grano, resultando que con esos dracmas que costaba el veneno podían alimentarse un hombre durante cuatro meses, una mujer durante seis meses y un niño durante un año[12].

La cicuta no era de uso general, sino que se empleaba para ejecutar adversarios políticos, entre los que se hallaban filósofos o intelectuales como Sócrates. Por dicho motivo, algunos autores han puesto de

---

[8] WILSON, Emily. (pág. 22) *La muerte de Sócrates. Héroe, villano, charlatán, santo.* Biblioteca Buridán, 2008.

[9] Perseus Project. http://www.perseus.tufts.edu Junio 1998.

[10] DÍAZ, Jacinto. *Historia de la literatura griega* (pág. 199). Imp.del Diario de Barcelona, 1865.

[11] PLUTARCO. *Vidas Paralelas. Volumen 4* (pág. 201). Imprenta Nacional, 1822.

[12] CANTARELLA, Eva. *Los suplicios capitales en Grecia y Roma* (pág. 104-105). Ediciones AKAL, 1996.

manifiesto que el uso de la cicuta era por razones humanitarias para minimizar el dolor y la infamia[13], aunque otros han dado más relevancia a las razones de oportunidad y cálculo político[14]

La cicuta no sólo era empleada como forma de ejecución en la antigua Grecia, sino también como método para controlar la población, al menos en el caso de la isla de Ceos, donde Estrabón dice que los mayores de sesenta años debían tomarla y así causar su propia muerte para que hubiera alimentos suficientes para el resto de la población[15].

---

[13] BARKAN, Irving. *Capital Punishment in ancient Athens* (pág. 78). University of Chicago, 1936.

[14] Cfr. CANTARELLA, Eva, op. cit (pág. 104 y ss.).

[15] KOTSIAS, Basilio A. *Medicina (Buenos Aires.). Revista Trimestral. 1999, 59* Fundación Revista Medicina (pág. 211-214).

CRUCIFIXIÓN

Es difícil determinar dónde se encuentra el origen de la cruz como instrumento de ejecución, aunque las hipótesis más plausibles oscilan entre el pueblo cartaginés y el mesopotámico. La primera referencia escrita se halla en Herodoto (s. V a.C), que cuenta cómo el gobernador Sandoces fue condenado a la cruz por Darío, rey de Persia, por el delito de cohecho[1].

Aunque no se tiene certeza, se cree que fue con Alejandro Magno (s. IV a. C.) cuando se introdujo dicho sistema en Grecia tras observar cómo era utilizado por los persas en la guerra contra dicho pueblo[2]. En todo caso, en Grecia se utilizaba un peculiar sistema de crucifixión, denominado *apotympanismos,* bastante distinto al sistema romano que se analiza posteriormente. La palabra deriva de *tympanon*, que significaba "maza", "garrote" o "clava", y más genéricamente, "madero" y "arquitrabe". La ejecución consistía en atar a la persona a un palo y dejarlo morir tras una larga agonía sufriendo hambre, sed y mordiscos de animales. No queda claro a quién se reservaba dicha forma de muerte, pero hay testimonio de que mediante dicho método se ejecutó a traidores, ladrones en general y traficantes de esclavos[3]. El motivo por el que se recurría a esta forma de ejecución no llega a estar claro, aunque parece que una de las motivaciones fundamentales era la exposición del cuerpo del delincuente a la naturaleza y la visión de ello por parte de los que visitaban la ciudad[4], ya que solía

---

[1] HERODOTO. *Los nueve libros de la historia. Herodoto* (pág. 636). EDAF, 1989.

[2] DORRA, Raúl. *Profeta Sin Honra: Memoria y olvido en las narraciones Evangélicas* (pág. 207). Siglo XXI, 1994.

[3] Cfr. CANTARELLA, Eva. *Los suplicios capitales en Grecia y Roma* (pág. 38 y ss.) Ediciones AKAL, 1996.

[4] Cfr. FOXHALL, L. y LEWIS, D. E. *Greek law in its political setting:*

situarse a las puertas de la misma[5]. El instrumento utilizado era, según todos los testimonios, de madera (*xylon*) y podía ser usado para torturar o castigar o para causar la muerte del reo, adoptando diversos nombres, como *podokakke*[6] o *tympanos*[7].

A continuación, trataremos la crucifixión en Roma, lugar en el que se convirtió en uno de los medios preferidos para ejecutar. Aunque Cicerón dice que fue Tarquino el Soberbio, último rey de Roma, el que introdujo la crucifixión en Roma tras copiarla de los cartagineses, no hay pruebas claras al respecto. En todo caso, en Roma se comenzó a utilizar la crucifixión de forma generalizada durante la época imperial. Originariamente era denominada *servile supplicium* porque era únicamente aplicada a los esclavos, pero con el paso del tiempo pasó a aplicarse también a los libertos e incluso a los hombres libres de clase inferior (*humiliores*)[8]. En ningún caso era posible aplicarla a los ciudadanos romanos debido a lo humillante y doloroso de dicha forma de ejecución. Sin embargo, algún autor interpreta la defensa que hizo Cicerón del senador Cayo Rabirio como la posibilidad de crucificar a un ciudadano romano únicamente en caso de alta traición (*perduellio*)[9] amparándose en *lex horrendi carminis*; sin embargo, otros autores han negado dicha posibilidad[10]. En la *lex horrendi carminis* se establece que al condenado «se le

---

justifications not justice (pág. 82). Oxford University Press, 1996.

[5] ARISTÓTELES, *Retórica II*, (1385 a).

[6] ALLEN, Danielle S. *The World of Prometheus: The Politics of Punishing in Democratic Athens* (pág. 234). Princeton University Press, 2008; GIBSON, Craig A. Interpreting a Classic: Demosthenes and His Ancient Commentators (pág. 142). University of California Press, 2002.

[7] Op. cit. CANTARELLA, Eva. La autora distingue en su obra el *podokakke,* cuando se utilizaba sólo para torturar, del *tympano,* cuando se utlizaba para causar la muerte (pág. 41).

[8] Op. cit. CANTARELLA, Eva (pág. 185-186).

[9] BARBAGLIO, Giuseppe. *Jesús, Hebreo de Galilea: investigación histórica* (pág. 477). Secretariado Trinitario, 2003.

[10] Cfr. op. cit. CANTARELLA, Eva (pág. 175-176).

vele la cabeza. Se le suspenda del árbol infeliz y se le fustigue». Algunos han interpretado que la expresión «se le suspenda del árbol infeliz *(infelici arbori reste suspendito)*» suponía la condena a la cruz, aunque otros investigadores afirman que era una condena a la horca o incluso una condena distinta[11]. Fuera legal o no la crucifixión para el ciudadano romano, también se crucificó a éstos en algunas ocasiones[12], a pesar de ser calificado como suplicio servil en numerosos textos de la época[13]. Cicerón reflejó el temor que causaba la crucifixión, descrita por él como «el más cruel y el más horroroso de los suplicios (crudelissimum teterrimumque suplicium)[14]» y que «el propio nombre de la cruz *(nomen ipsus crucis)* permanezca alejado no sólo del cuerpo de los ciudadanos romanos, sino también de sus pensamientos, de sus ojos, de sus orejas[15]». En cuanto a la forma de ejecución podríamos distinguir entre las crucifixiones masivas tras las batallas o revueltas y las individuales que seguían a un procedimiento previo. En cuanto a las primeras, el mismo Flavio Josefo destacó que durante el asedio a la ciudad de Jerusalén por los romanos durante la Gran Revuelta Judía «por su ira y odio, los soldados clavaban a sus presos en diferentes posturas, y era tan grande su número que no se podía encontrar espacio para las cruces»; esto lo hacían delante de las murallas, para aterrorizar a los sitiados[16]. En el caso de que se crucificara con las formalidades procedimentales previstas se recurría a la forma habitual: un *stipes* (palo vertical) al que se unía el *patibulum* (palo horizontal más corto que el anterior). Por tanto, a diferencia de la crucifixión griega o cartaginesa en la que se utilizaba un sólo palo vertical (ya fuera un árbol o una

---

[11] Cfr. op. cit. CANTARELLA, Eva (pág. 165 y sig.).

[12] Por ejemplo, Prisón mandó crucificar a un centurión que era ciudadano romano. Citado por CASTRO-CAMERO DE, Rosario en op.cit. (pág. 47).

[13] Cfr. op. cit. CANTARELLA, Eva (pág. 177 y sig.).

[14] CICERÓN. *Contra Verrem, 2,5.*

[15] CICERÓN, Pro Rabirio, 5, 16.

[16] JOSEFO. *De bello iudaico, VI, XII, 181.*

estaca), la crucifixión romana se realizaba sobre la intersección de dos palos. Ya en el siglo III a.C. se había introducido la intersección de ambos palos, tal y como demuestra el texto de Plauto (254-184 a.C.): «¡Yo lo admito, yo levanto mis manos! Y después usted las sujetará a una furca. Extendidas a lo largo de la cruz[17]». Además, la ejecución se hacía más humillante y dolorosa al tener que cargar con el *patibulum,* tal y como indican varios testimonios: Plauto decía «que lleve el patíbulo por la ciudad y que después se le fije a la cruz[18]», también Artemidoro recuerda cómo «el que debe ser clavado a la cruz, primero la lleva[19]». En cuanto a la altura a la que quedaba situado el condenado hay testimonios que acreditan que podía utilizarse un *stipes* más o menos largo, según se quisiera que el ejecutado quedara más o menos cerca del suelo. En aquellos casos en los que el madero vertical fuera poco más que la altura de un hombre daba lugar a las llamada *crux humilis,* quedando expuesto a los golpes de los ejecutores o a las mordeduras de los lobos o perros salvajes. Sin embargo, parece ser que la *crux humilis* era una forma excepcional de crucifixión, recurriéndose a cruces en las que el condenado quedaba bastante más alto, para que fuera visto sin problemas por el pueblo y cumplir así una función ejemplarizante, llamándose en este caso cruces *sublimes[20].* La crucifixión entre los romanos solía adoptar las siguientes formas:

- *Crux comissa.* Era aquella cruz en la que el *patibulum* se cruzaba con el *stipes* en su parte superior, dando lugar a una cruz en forma de "T". El escritor griego Luciano de Samosata (s. II), en su obra humorística *Juicio de las Vocales,* puso de manifiesto las similitudes de la letra "T"

---

[17] PLAUTO, *Persa, act. V.*
[18] PLAUTO, *Carbonaria, 2.*
[19] ARTEMIDORO, *Oneirocritica, 2, 56.*
[20] Cfr. op. cit. CANTARELLA, Eva (pág. 181).

(*tau*) con la cruz como instrumento de ejecución de la siguiente manera: «Así injuria a los hombres en cuanto a las palabras; y de hecho, ¡cómo los ultraja! Lamentándose los hombres, deploran su desgracia y maldicen a Cadmo por haber introducido la TAU en el Gremio de las letras. Dicen que los tiranos la tomaron por modelo e imitaron su forma para labrar bajo el mismo tipo los maderos y fijar en una cruz (*stauros*) en ellos a los hombres; y que de esta máquina infame proviene su nombre infame. Yo creo que no puede imponérsele en justicia otra pena menor que condenarla al suplicio de sí misma, para que en su propia figura expíe su delito, ya que la cruz se formó por ella y por ella también la llamaron así los hombres [21]».

– *Crux immissa o capitata.* En este caso la parte superior del *stipes* sobrepasaba el punto de unión con el *patibulum* formando una cruz con cuatro brazos. Posteriormente fue llamada "cruz latina" convirtiéndose en la principal representación de las imágenes de la muerte de Jesucristo por ser la forma más favorable para permitir que se colocara un letrero sobre su cabeza (Mateo, 27,37)[22].

Además de estas formas de crucificar, varios autores han dado nombre a distintas variantes de crucifixión: *crux quadrata* (el *patibulum* cruza por la mitad al *stipes*); *crux decussata* (en forma de "X"); cruz de seis brazos en la que el soporte que sirve para apoyar los pies, denominado *suppedaneum lignum,* se convierte en

---

[21] LUCIANO DE SAMOSATA, *Juicio de las Vocales, 12.* Tertuliano (160-220), en un mismo sentido, pero con carácter religioso en *Contra Marción:* «*litera graeccorum Tau, nostra autem T, especies crucis*».

[22] GONZÁLEZ MARTÍNEZ ALONSO, Enriqueta. *Patrimonio y restauración: tecnología tradicional y tecnología actual* (pág. 96). Universidad Politécnica de Valencia, 2006.

un tercer palo; cruz invertida (el condenado es crucificado boca abajo); etc. También hay quien ha incluido al empalamiento y al simple palo vertical, llamándolo *crux simplex,* como formas primitivas de crucifixión[23]. En cuanto a la forma en la que se fijaba el condenado a la madera se manejan dos opciones: cuerdas o clavos, sin perjuicio de que se utilizaran ambos sistemas simultáneamente para asegurar la fijación. Actualmente, basándose en las fuentes que han pervivido, casi nadie duda del uso de los clavos para fijar el cuerpo a la madera[24]. En cuanto al lugar en el que eran situados los clavos, un experimento del doctor Pierre Barbet (1884-1961) demostró que no era posible colocar los clavos en las palmas de las manos sin desgarrarse las mismas al soportar el peso del cuerpo. No ocurría lo mismo si los clavos era situados en las muñecas, concretamente en un lugar denominado "espacio de Destot". Sin embargo, un experimento realizado para el documental de National Geographic titulado *Quest For Truth: The Crucifixion* admitió la posibilidad de que los clavos se situaran en las palmas de las manos sin desgarrarse las mismas. Otra cuestión similar surge con los clavos de los pies, admitiéndose que podía utilizarse un sólo clavo que atravesara ambos pies o dos clavos, uno para cada pie. Según varios investigadores, la muerte del crucificado se producía por asfixia al fijarse los músculos intercostales en una posición de inhalación, dificultándose la exhalación. La muerte podía acelerarse mediante la aplicación del *crurifragium,* que consistía en romper los huesos de las piernas del crucificado, impidiendo que pudiera sostenerse en ellas y se asfixiara más rápidamente. Otra posibilidad sería que el crucificado muriera por shock traumático o por shock hipovolémico, en este último caso debido a la pérdida de sangre derivada de las múltiples hemorragias internas y externas[25].

---

[23] LIPSIO, Justo. *De cruce libri III.* Officina Plantiniana, 1594.

[24] Cfr. op. cit. CANTARELLA, Eva (pág. 182-184).

[25] Cfr. AUFDERHEIDA, Arthur C. y RODRÍGUEZ-MARTÍN, Conrado. *The Cambridge Encyclopedia of Human Paleopatology* (pág. 38). Cambridge

Uno de los militares romanos (generalmente un centurión) encargado de la ejecución hacía de *exactor mortis,* encargándose de certificar la muerte del crucificado o de ordenar a alguno de los soldados que aplicara el *crurifragium.* Habría que esperar hasta el emperador Constantino (272-337) para que se aboliera la pena de crucifixión a principios del siglo IV, sustituyéndola por la horca.

En el mundo occidental, por motivos "humanitarios" y religiosos (recordaba a la muerte de Jesucristo), desapareció la pena de crucifixión de la legislación penal. Por ejemplo, en Castilla, Alfonso X el Sabio la prohibió expresamente en *Las Siete Partidas* (siglo XIII), de manera que estaba prohibido ejecutar la pena de muerte apedreando, crucificando o despeñando[26]. Por tanto, la crucifixión permaneció alejada de la mentalidad occidental como medio de ejecución y la cruz acabó convirtiéndose únicamente en un símbolo religioso. Sin embargo, en Japón era un método habitual de ejecución que acabó conociéndose en Occidente por los testimonios de los misioneros cristianos. La crucifixión japonesa presentaba unas peculiaridades que la distinguía del resto, siendo descrita de la siguiente manera: «se componía la cruz que empleaban los japoneses de un madero vertical, cruzado por otro horizontal en la parte superior para extender sobre el los brazos, y otro inferior, más corto, también cruzado, para asegurar los pies, quedando la víctima en figura de aspa, disminuida o más cerrada en la parte inferior, y en medio del árbol había un pequeño madero, en el que se sentaba el crucificado[27]». Por tanto, quedaba el cuerpo en forma de aspa. Para asegurar al reo a la cruz se utilizaban argollas de hierro en las muñecas y tobillos, así como en el cuello para mantener erguida la cabeza[28]. Tras ser

---

Unyversity Press, 1998.

[26] *Las Siete Partidas, ley sexta, tit., XXXI.*

[27] NENCLARES, Eustaquio de María. *Vida de los mártires del Japón* (pág. 61). La Esperanza, 1862.

levantada la cruz, dejaban al reo unos minutos con vida para que fuera visto por los espectadores, pasados los cuales era atravesado por una o varias lanzas y era dejado allí durante un tiempo antes de ser retirado[29]. No existen datos cuantitativos del número de crucificados en la historia de Japón, pero sí ha quedado el testimonio de algunas crucifixiones, la más conocida es la crucifixión de los "26 mártires de Japón" el 5 de febrero de 1597, en la que fueron ejecutados tres jesuitas, seis frailes franciscanos y dieciséis laicos japoneses (entre los que había un niño de doce años y otro de trece)[30].

Actualmente, la crucifixión pervive en algunos países donde se aplica la Sharia (código de conducta islámico convertido en ley). Por ejemplo, en Sudán se establece la crucifixión para los musulmanes que se convierten al cristianismo[31]. En Arabia Saudí es conocida como crucifixión un tipo de ejecución que dista del concepto tal y como aquí es entendido; en este país, el reo es decapitado y, posteriormente, su cadáver es colgado de un poste en una plaza pública[32].

---

[28] Op. cit. NENCLARES, Eustaquio de María (pág 61). Sin embargo, otras fuentes dicen que el crucificado era atado, p. ej. FREEMAN MILFORD, Algermon en *Historia del Antiguo Japón, pág. 131*

[29] La forma de ser atravesado varía según los relatos. En algunos sólo se dice que era atravesado por una o varias lanzas (op. cit. FREEMAN MILFORD, Algermon, *pág. 131*; CADELL, C.M. en *Historia de las misiones en el Japón y Uruguay*, pág. 150-151). Sin embargo, en op. cit. NENCLARES, Eustaquio de María (pág. 61) se dice que era atravesado por dos lanzas que entraban por el costado y salían por el hombro opuesto, formando un aspa.

[30] Cfr. op. cit. NENCLARES, Eustaquio de María.

[31] SOCCI, Antonio. *Los nuevos perseguidos* (pág. 89). Encuentro, 2003.

[32] Estos casos se hacen públicos sólo en determinadas ocasiones. Amnistía Internacional publicó que en 2005 se ejecutó a cuatro hombres acusados de homicidio *político (Arabia Saudí, ataque a los derechos humanos en nombre del antiterrorismo*, pág.45); más recientemente, en 2009, se hizo lo mismo con dos hombres, uno de ellos declarado culpable de secuestro y violación y otro de secuestro y asesinato (*Condenas a muerte y ejecuciones 2009*, pág. 25). En marzo de 2013 se decidió en Arabia Saudí sustituir una condena a crucifixión por el fusilamiento para, según el opositor saudí Ali al Ahmed, «no empeorar su imagen institucional», *Diario El País, 13 de marzo de 2013.*

DECAPITACIÓN

La decapitación consiste en separar la cabeza del cuerpo utilizando para ello algún medio afilado. Históricamente, era una de las formas más utilizadas por su sencillez, bastando cualquier instrumento afilado. Además, era un medio frecuentemente reservado a los nobles[33]. La decapitación también fue una práctica usual en más de un conflicto bélico, donde se mutilaba la cabeza de los enemigos y, posteriormente, se exhibía como trofeo[34].

La decapitación, que fue usada en muchos pueblos y épocas, era la prueba más fehaciente de la muerte de una persona puesto que, hasta el momento, ningún cuerpo puede vivir sin cabeza ni ninguna cabeza sin un cuerpo. Actualmente, la medicina afirma que el sufrimiento es mayor o menor dependiendo de la velocidad con la que se realiza la decapitación, pero incluso en aquellos casos en que sea muy rápida, hay tiempo suficiente para que el dolor llegue a través del sistema nervioso al cerebro y pueda sentirlo la persona. Asimismo, también se ha comentado que una vez decapitada hay un tiempo en el que la persona sigue consciente y responde a estímulos, por ejemplo, reacción ante el sol o al oír su nombre[35]; sin embargo, otros especialistas afirman que son meras contracciones musculares y que la pérdida de consciencia se produce a

---

[33] GARRIDO, Fernández. *Historia de las clases trabajadoras*, ... (pág. 247). Universidad Complutense de Madrid, 1870.

[34] STAHL, Paul-Henri. *Historie de la décapitation*. Presses universitaires de France, 1986.

[35] Op. cit. SUEIRO, Daniel. (pág. 114). Una de las últimas manifestaciones científicas al respecto se produjo en 1956, cuando los doctores Piedelievre y Fournier, frente a la Academia de Medicina de París, manifestaron que «la muerte no es inmediata» y se produce «un enterramiento prematuro», por lo que son enterrados «parcialmente vivos». Citado en op. cit. SUEIRO, Daniel (pág. 115).

los tres o cuatro segundos en los que, seguramente, el dolor debe ser muy intenso. Eso sí, dolorosa o no, algo inevitable en la decapitación en general es el gran derramamiento de sangre que se produce. Esto último hizo que muchos pensaran que la sangre aumentaba el carácter ejemplarizante de la pena; sin embargo, con el paso del tiempo y las estadísticas en la mano, muchos pensaron que el derramamiento de sangre no hacía más que satisfacer el morbo y el sadismo de los asistentes a las ejecuciones.

Entre los hebreros, la decapitación era el medio de ejecución establecido, según la *Mishná,* para los culpables de asesinato y los habitantes de una villa culpable de paganismo, aunque la *Guemará* afirma que «la condena de toda una ciudad, por crimen de paganismo, no ha tenido lugar jamás y no será jamás pronunciada»[36]. Para decapitar se utilizaba un gran cuchillo, un sable o un hacha[37].

En Roma fue la forma de ejecución utilizada para los ciudadanos romanos, mientras que los que no eran ciudadanos romanos solían ser crucificados. Además, era la pena típica en el ámbito militar, donde era usada para ejecutar a los traidores y a los soldados rebeldes. Para la decapitación solía utilizarse el hacha (*securi percussio*), que para muchos simbolizaba la soberanía de Roma y coincidía con la representación gráfica de las fasces, uno de los símbolos de la autoridad de Roma. Lo más frecuente es que, tras la decapitación, la cabeza fuera expuesta al público o sufriera vejaciones de distinto tipo[38]. Originariamente, se denominaba *poena capitis* a la decapitación (*caput*: cabeza)[39], pero, con el paso del tiempo, la expresión se sustituyó por la de *poena capitalis*

---

[36] La *Mishná* junto a la *Guemará* conforman el *Talmud* hebreo.
[37] Op. cit. GOLDESTEIN, Mateo (pág. 142).
[38] Op. cit. CANTARELLA, Eva (pág. 144 y sig.).
[39] Op. cit. NÚÑEZ PAZ, Isabel (pág. 578).

que comprendía la pena de muerte en general y la pena de exilio[40]; sin embargo, algunos autores entienden que la expresión *capitis supplicium* hacía referencia a una forma agravada de pena de muerte en la que *capitis* haría referencia a la muerte y *supplicium* al tormento y la tortura[41]. En todo caso, la decapitación, cuando era ejecutada con hacha por los *lictores,* era considerada una muerte honrosa, mientras que cuando se ejecutaba con espada por los verdugos, era considerada una muerte deshonrosa[42].

El pueblo maya utilizó la decapitación como medio de ejecución durante los períodos preclásico y clásico hasta el siglo VIII, cuando se sustituyó por la cardioectomía (arrancar el corazón)[43]. Además, según algunos frisos, el capitán del equipo perdedor del juego de pelota maya era decapitado, aunque algunos investigadores opinan que tales representaciones eran simbólicas y no reales[44].

La decapitación se usó antes de que existieran las normas escritas y, una vez que comenzaron a compilarse las leyes en cuerpos jurídicos escritos, si se especificaba la forma de ejecución, la decapitación solía estar presente. En algunos casos llegaba a especificarse el arma o instrumento que debía utilizarse para cortar la cabeza del condenado; por ejemplo, en Las Siete Partidas (s. XIII) se establecía que debía cortarse la cabeza con un cuchillo o espada, pero no con una hoz de segar[45].

---

[40] Cfr. BRASIELLO, Ugo. *La Repressione Penale in Diritto Romano.* E. Jovene, (pág. 262 y ss.).

[41] Op. cit. CASTRO-CAMERO DE, Rosario (pág. 58-59).

[42] SANSON, Henri. *Los Misterios del cadalso: Memorias de siete generaciones de verdugos (1688-1847)* (pág. 25). Establecimiento tipográfico-literario de Manini Hermanos, 1863.

[43] BAUDEZ, Claude F. *Una Historia de la Religión de Los Antiguos Mayas* (pág. 199-201). UNAM, 2004.

[44] VV.AA. *Mundo maya* (pág. 224 y ss.). Cholsamaj Fundacion, 2001.

[45] *Las Siete Partidas, Tít. XXXI, ley VI.*

La decapitación se estableció como medio oficial de ejecución en numerosos países, no sólo de occidente, sino también de oriente: Laos, Vietnam, etc., aunque debemos recordar que la decapitación era considerada honrosa en Occidente, mientras que en Oriente era una forma deshonrosa de morir[46].

En las edades Moderna y Contemporánea siguió utilizándose la decapitación hasta el punto de convertirse en la forma de ejecución del derecho penal común, mientras que en los delitos militares era sustituida por el fusilamiento[47].

En cuanto a los instrumentos utilizados para llevar a efecto la decapitación, los más frecuentes a lo largo de la historia han sido el hacha, la espada o el cuchillo. En Inglaterra la decapitación con hacha se convirtió en toda una institución que, sin embargo, cedió con la implantación de la horca en 1747.

A pesar de que, en los últimos decenios, la decapitación ha ido desapareciendo progresivamente de los códigos penales para ser sustituidas por otros medios considerados más humanitarios y efectivos; sin embargo, en los lugares donde se aplica la Sharia la decapitación se establece para determinados delitos. Por ejemplo, en Arabia Saudí, la decapitación mediante espada está prevista para delitos como los de asesinato, violación, apostasía, sodomía o tráfico de drogas[48].

---

[46] Op. cit. SANSON, Henri (pág. 25).

[47] VON LISTZ, Franz. *Tratado de Derecho Penal* (pág. 569). Valletta Ediciones SRL, 2007. Así se recogía, por ejemplo, en el derecho penal alemán de principios del siglo XX.

[48] *Informe 2009 Amnistía Internacional. El Estado de los derechos humanos en el mundo* (pág. 93).

A lo largo de la historia han sido muchos los personajes famosos que han sido decapitados. A continuación se muestra una breve lista:

- Juan el Bautista (siglo I), decapitado por orden de Herodes a instancias de Salomé.
- San Pablo (siglo I), ya que no podía ser crucificado al ser ciudadano romano.
- Santa Lucía (siglo IV), mártir cristiana.
- Tomás Moro (1478-1535), ejecutado por oponerse a la reforma anglicana producida bajo el reinado de Enrique VIII.
- Ana Bolena (en torno a 1507-1536), que fue esposa de Enrique VIII.
- María Estuardo (1542-1587), reina de Escocia decapitada por orden de Isabel I de Inglaterra.
- Luis XVI (1754-1793), rey de Francia, guillotinado como consecuencia de la Revolución Francesa.
- María Antonieta (1755-1793), esposa de Luis XVI.
- Maximilien Robespierre (1758-1794), líder de la Revolución Francesa que fue enviado a la guillotina por los que, anteriormente, fueron sus seguidores.

Guillotina:

Por sus características y relevancia histórica y social, la guillotina merece un apartado aparte dentro de la decapitación.

La guillotina se puso "de moda" tras la Revolución Francesa con la implantación de la misma por recomendación del doctor francés Joseph-Ignace Guillotin (1738-1814) para evitar el sufrimiento[49] y establecer la igualdad en la forma de ejecución, sin distinción de clases. Ya se habían utilizado en épocas pasadas aparatos similares a la guillotina entre los que podemos recordar varios: un aparato mecánico utilizado para cortar cabezas en Irlanda en 1307; el ingenio denominado D*iele,* utilizado en Alemania en el siglo XIV; la *mannia,* usada desde el siglo XVI en Italia; la *Halifax gibbet,* utilizada en Inglaterra en el siglo XVI; la *razantina,* propuesta a fines del siglo XVIII en Italia[50]. Como inspiración principal de la guillotina de la Francia revolucionaria se utilizó el modelo creado por el alemán Tobías Schmidt; sin embargo, a la hora de decidir el tipo de cuchilla se hicieron una serie de pruebas el 17 de abril de 1792 en el patio de la prisión de Bicetres, decidiéndose por la cuchilla triangular, propuesta por el doctor Louis, en lugar de la cuchilla recta italiana, propuesta por Schmidt[51]. La primera ejecución llevada a cabo tras la instauración de la guillotina como instrumento oficial de ejecución en Francia ocurrió el 27 de mayo de 1792, fecha en la que fue decapitado el salteador Pelletier[52].

A la hora de describir la guillotina acudimos a la descripción que hizo José Mas Godayol: «es un mecanismo formado por dos montantes paralelos de una altura de 2,80 m. que se levantan sobre dos maderas colocadas en el suelo; ambos montantes se enlazan en su parte superior por medio de una tabla que recibe el nombre de sombrero, debajo del cual está la cuchilla, que es una lámina triangular de acero muy afilada, fijada en una pieza de plomo de un peso de 60 kgs. a la altura de un metro y entre los dos montantes hay dos piezas opuestas, la de abajo fija y la de arriba movible y como ambas están cortadas en semicírculo, queda un orificio

---

[49] Guillotine dijo que el ejecutado sólo «sentiría un ligero frescor en el cuello».

[50] Op. cit. SUEIRO, Daniel (pág. 85-87).

[51] Op. cit. SUEIRO, Daniel (pág. 91-92).

[52] Op. cit. MAS GODAYOL, José (pág. 146).

llamado *lunette* en el cual se coloca la cabeza del reo. Frente a la lunette se halla la báscula, que es un plano estrecho donde se coloca el reo, al lado de la cual se halla una cesta que recibe el cuerpo del ajusticiado cuando le ha sido cercenada la cabeza. Esta va a parar a un recipiente que hay frente a la lunette».

No debemos pensar que la guillotina es cosa de un pasado lejano, sino que era el medio de ejecución de la pena capital en Francia hasta su abolición en 1981[53]. La última ejecución por guillotina realizada en Francia se produjo el 16 de septiembre de 1977 en la persona de Hamida Djandoubi, condenado por la violación, tortura y asesinato de su ex-novia.

Es necesario recordar que la guillotina no sólo se utilizó en Francia, sino que fue el medio de ejecución utilizado en otros países durante más o menos tiempo: Países Bajos (entre 1811 y 1813), Suecia (hasta 1929); Rusia (hasta 1919); Grecia (hasta 1929); Guayana; Camerún; Madagascar; etc.[54] En el caso de Alemania, la mayoría de los Länder la establecieron en 1870 y, durante la época hitleriana, fue el método oficial de ejecución. La guillotina se mantuvo como medio de ejecución en la República Federal de Alemania hasta la abolición de la pena de muerte en 1949. Por otro lado, la guillotina siguió utilizándose en la República Democrática de Alemania hasta la abolición de la pena capital en 1987.

---

[53] *La Vanguardia, 23 de mayo de 1981.*
[54] Cfr. op. cit. SUEIRO, Daniel

DESCUARTIZAMIENTO

Descuartizar supone dividir un cuerpo en varias partes. También podemos recordar los casos en los que la pena para un delito concreto consistía en la mutilación de una parte determinada del cuerpo: amputar una mano o una oreja al ladrón, extirpar los ojos al traidor, cortar la lengua al calumniador y al blasfemo, arrancar los dientes al testigo falso, castrar al violador, etc.

El eviscerado es distinto del descuartizado ya que al primero le son extraídos uno o varios órganos internos. Los casos más frecuentes han sido las evisceraciones en sacrificios humanos. En América, muchas culturas precolombinas realizaban sacrificios humanos en los que se solían sacar las vísceras (por ejemplo, la extracción del corazón). Los vikingos realizaban el "águila de sangre" o "águila sangrienta". Dicha ejecución solía formar parte de un ritual de sacrificio humano ofrecido a Odín. La ejecución consistía en realizar una gran incisión en la espalda del sujeto con una espada para, posteriormente, abrir las costillas y extraer los pulmones, quedando cada uno a un lado de la espalda de manera que simulaban ser unas alas (de ahí el nombre de "águila de sangre"). Si la muerte no se producía por shock debido al dolor, ésta acaecía por asfixia al no poder realizar los músculos del tórax los movimientos básicos de inspiración y espiración. A pesar de los testimonios escritos, hay algunos investigadores que creen que dicha forma de ejecución fue ocasional o que nunca se llevó a cabo; para estos, el "águila de sangre" es sólo parte del folclore y la mitología escandinava, o parte de una "leyenda negra" de los vikingos y la religión pagana en la que creían[1].

---

[1] Cfr. HOLMAN, Katherine. *The A to Z the Vikings* (pág. 49). Scarecrow Press, 2003; SAWYER, P. H. *Kings and vikings* (pág. 1916). Taylor & Francis e-

Uno de los ejemplos más antiguos de forma de descuartizamiento es la diasfendonesia, utilizada por los antiguos persas. Esta forma de ejecución consistía en doblar e inclinar sobre sí mismos, por medio de cuerdas, dos árboles cercanos; los pies del individuo eran atados uno a cada árbol y, luego, a una señal, cortaban las cuerdas para que los árboles recobraran su posición natural provocando que la persona acabara dividida por la mitad[2].

En las XII Tablas del derecho romano se recogía el llamado *partes secanto*: «pasados los tres mercados, sea cortado en partes. Tanto si cortaron más como si cortaron menos, no se considerará que existe fraude». La expresión «los tres mercados» es una medida de tiempo y supone que, pasado dicho tiempo, el deudor debía presentar un *vindex* o defensor; en el caso de que no lo hiciera se autorizaba a los acreedores a descuartizar en partes al deudor sin especificar si debía hacerse en vida o con su cadáver. Otra interpretación, más benévola, señala que no hay constancia escrita de su aplicación de la manera antes descrita y que debía interpretarse como una autorización de la venta del deudor como esclavo «más allá del Tíber» o como una división del patrimonio del deudor entre sus acreedores para que quedara satisfecha la deuda[3].

En Occidente el descuartizamiento se convirtió en una pena aplicada, principalmente, a los delitos de lesa

---

Library, 2003.

[2] MONLAU, Pedro Felipe. Elementos de higiene pública o Arte de conservar la salud de los pueblos, Volumen 2 (pág. 524). Moya y Plaza, 1871.

[3] Cfr. FERNÁNDEZ ELÍAS, Clemente, *Programa y manual de Derecho Romano explicados en la Universidad de Sevilla* (pág. 78-80), Librería de Leocadio López, 1867; MEDINA PABÓN, Juan Enrique, *Derecho Civil. Aproximación al Derecho. Derecho de Personas* (pág. 330-331), Universidad del Rosario, 2010; PADILLA SEGURA, José Antonio, *Universidad: Génesis y Evolución, Tomo III* (pág. 228), Universidad Autónoma de San Luis Potosí, 1999.

majestad. Se denominan delitos de lesa majestad los atentados contra la vida del monarca o su familia. Son varios los testimonios de descuartizamientos debido a este tipo de delitos. En 1492 fue ejecutado un campesino catalán llamado Juan de Cañamares por haber intentado asesinar con una espada al rey Fernando el Católico. El rey salió herido y Juan de Cañamares fue detenido en el acto, confesando que quiso matar al rey porque una voz así se lo ordenaba y que, además, le decía que era el mismo Juan el que debía ser rey. Juan de Cañamares fue llevado en carro por las calles de Barcelona y lo descuartizaron vivo, aunque el proceso de descuartizamiento varía según los testimonios escritos. El más detallado cuenta cómo primero le arrancaron la mano con la que atacó al rey, posteriormente, le arrancaron un pezón con tenazas ardiendo para después sacarle un ojo, cortarle la otra mano y arrancarle el otro ojo y el otro pezón, tras ello le cortaron la nariz, los pies y le sacaron el corazón por la espalda. Su cuerpo fue entregado al pueblo que lo apedreó y quemó, echando las cenizas al viento. Sin embargo, también hay referencias de que, antes de todo ello, fue ahogado por «clemencia y misericordia de la Reina»[4]. En 1610 fue ejecutado François Ravaillac por el asesinato de Enrique IV, rey de Francia; el asesino sufrió tormento durante tres días tras los cuales fue conducido a la plaza de Grève, donde «le arrancaron las tetillas y otros trozos de su cuerpo con tenazas, fue quemado en diversas partes del cuerpo (pecho, cadera y piernas) con hierros al rojo vivo. La mano que había empuñado el puñal homicida fue abrasada con azufre ardiendo y en las heridas y las quemaduras se vertió una mezcla de plomo ardiendo derretido, aceite hirviendo y resina ardiente. Una vez terminado esto, se le ató de manos y piernas a las colas de cuatro caballos y fue desmembrado[5]». En 1757

---

[4] DE GARIBAY Y ZAMALLOA, Esteban. *Los Quarenta libros del compendio historial de las chronicas y universal historia de todos los reynos de España, Tomo Segundo.* (pág. 678-679). Sebastián de Cormellas, 1678.

[5] *Extracto de los registros del Parlamento de París relativos al proceso criminal*

Robert François Damiens fue ejecutado de manera similar por el intento de asesinato del rey de Francia Luis XV. Damiens fue torturado con un hierro candente y atado a cuatro caballos que, tras tres intentos, no consiguieron separar los miembros del condenado, entonces se cortaron los tendones de las axilas e ingles y, esta vez sí, los caballos arrancaron las extremidades superiores e inferiores de Damiens causándole la muerte[6]. En 1759 también fueron descuartizados en Portugal el duque de Aveiro y el marqués de Távora por haber intentado asesinar a José I de Portugal; los conspiradores, tras ser descuartizados, fueron quemados y sus cenizas arrojadas al mar[7].

En China estuvo vigente el método *Lingchi* o *Leng Tch'e* (conocido en castellano como "Muerte lenta" o "Muerte de los mil cortes"). El reo, a veces anestesiado con opio, era atado a un poste y allí era cortado cuidadosamente en pequeñas partes hasta que moría a causa del dolor, desangrado o cuando le era afectado un órgano vital. El *Leng Tch'e* fue aplicado a aquellas mujeres que asesinaban a sus maridos, así como en los delitos de lesa majestad. Dicha forma de ejecución se utilizó en China al menos desde el siglo X y no fue prohibida hasta abril de 1905[8].

Una forma particular de descuartizamiento fue la denominada "cuaresma viscontea". Dicho sistema estuvo vigente durante el siglo XIV en el señorío de Milán, bajo el gobierno de Galeazzo Visconti II. El suplicio se extendía durante cuarenta días y «comenzaba con un

---

realizado a Francisco Ravaillac después de que hubo cometido el regicidio del difunto rey Enrique IV, con el proceso verbal del tormento que se le aplicó y de cuanto ocurrió en la plaza de Grêve cuando su ejecución», citado por GRANADOS LOUREDA, Juan, *Breve Historia de los Borbones* (pág. 19), Nowtilus, 2010.

[6] Cfr. op. Cit. SANSON, Henri. (pág. 200-226).

[7] Diccionario Histórico o Biografía Universal compendiada, Tomo Segundo (pág. 173). Librería de Narciso Oliva, 1830.

[8] Cfr. VV.AA. *Death by a Thousand Cuts*. Harvard University Press, 2008.

corto número de azotes y, con intervalos de un día de descanso, pasaba a torturas, cada vez más terribles: tragar agua, vinagre y argamasa, arrancar tiras de piel de la espalda, caminar descalzo sobre garbanzos, ser colocado en el potro, arrancar un ojo, cortar la nariz, cortar una mano, cortar la otra, cortar un pie, cortar el otro pie, cortar un testículo, cortar el miembro viril, y el cuadragésimo día el condenado era colocado en la rueda y hecho pedazos»[9]. La rueda era un sistema de suplicio y ejecución que «consistía en colocar al reo con las piernas abiertas y brazos extendidos en dos maderos dispuestos en cruz de San Andrés». Tras ello, «el verdugo le rompía con una barra de hierro los brazos, antebrazos, muslos, piernas y pecho» y, aún con vida, era atado a una rueda sostenida por un poste. Una vez atado a la rueda, sus piernas y brazos eran atados a la espalda y «se le ponía de cara al cielo a fin de que expirase en ese estado». En ocasiones, los jueces podían disponer que el sentenciado fuera estrangulado al primer, segundo o tercer golpe[10]. El suplicio de la rueda fue utilizado por varios pueblos de la antigüedad, pero cobró especial relevancia en el Sacro Imperio Germánico y Francia a partir de la Edad Media.

En la actualidad no existe legislación penal que recoja el descuartizamiento como forma de ejecución de la pena capital, pero ha sido utilizado por grupos de delincuencia organizada, terroristas, guerrilleros y paramilitares en numerosas ocasiones. Uno de los últimos testimonios es el del obispo de Buenaventura, Héctor Epalza, que denunció en 2013 la existencia de «casas de pique» en las que personas eran descuartizadas, vivas o muertas, por bandas criminales[11].

[9] ROSSI, Paolo. *Guicciardini Criminalista* (pág. 65). Fratelli Bocca, 1943.
[10] Op. cit. SANSON, Henri (pág. 29-30).
[11] *Diario ADN (Colombia), 7 de febrero de 2013.*

EMPALAMIENTO

El empalamiento era una técnica de ejecución y tortura que consistía en introducir un objeto por uno de los orificios del cuerpo atravesando a la persona y saliendo por otro orificio, ya fuera natural o provocado por el propio objeto introducido. El lugar por el que se introducía el objeto solía ser el ano, aunque en el caso de las mujeres también podía introducirse por la vagina. Para describir de forma más concreta un empalamiento podemos acudir a la novela histórica *Un puente sobre el Drina*, ganadora del Premio Nobel de Literatura en 1961, en la que se narra una ejecución mediante empalamiento:

«Todo estaba listo: había un poste de roble, de unas cuatro archinas (medida turca que equivale a 66 cm.), puntiagudo, herrado en un extremo, delgado y afilado y untado de sebo. En los andamios habían sido clavadas unas cuantas estacas entre las cuales debía fijarse el poste; había también un mazo de madera para clavar y martillear el poste; había cuerdas y todo lo necesario. (...) Cuando se ordenó a Radislav que se tendiese, dudó un momento; después, sin mirar ni a los zíngaros ni a los guardianes, como si no existiesen, se acercó a Pleviiak, a quien, como si fuese alguno de los suyos, y empleando un tono confidencial, le dijo en voz baja y sorda: "Por este mundo y por el otro te pido que me escuches: hazme la gracia de atravesarme de modo que no sufra como un perro" (...) El campesino se tumbó boca abajo, tal como le habían ordenado. Los zíngaros se aproximaron y le ataron primero las manos a la espalda y después le ligaron una cuerda alrededor de los tobillos. Cada uno tiró hacia sí, separándole ampliamente las piernas. Entretanto, Merdjan colocaba el poste encima de dos trozos de madera cortos y cilíndricos, de modo que el extremo quedaba entre las piernas del campesino. A continuación, sacó del cinturón un cuchillo ancho y corto, se arrodilló juntó al condenado y se inclinó sobe él para cortar la tela de sus pantalones en la parte de la entrepierna y para ensanchar la abertura a través de la cual el poste penetraría en el cuerpo. (…) No más hubo terminado, el zíngaro dio un ligero salto, tomó del suelo el mazo de madera y se puso a martillear la parte inferior y roma del poste, con lentitud y mesura. A cada dos martillazos se detenía un momento y miraba, primero, al cuerpo en el que el poste se iba introduciendo, y, después, a los dos zíngaros, exhortándolos a que tirasen con suavidad y sin sacudidas. El cuerpo del campesino, con las piernas separadas, se convulsionaba instintivamente; a cada mazazo, la columna vertebral se plegaba y se encorvaba, pero las cuerdas mantenían la tensión y obligaban al condenado a enderezarse. (...) El zíngaro, a cada dos mazazos, se dirigía al cuerpo tendido, se inclinaba, examinando si el poste avanzaba en buena dirección y, cuando se había cerciorado de que ningún órgano vital estaba herido, volvía a su sitio y continuaba su tarea. (...) Durante un momento cesaron los mazazos. Merdjan había observado que en el vértice del omóplato derecho los músculos se ponían tensos y la piel se levantaba. Se acercó rápidamente y, en aquel lugar ligeramente hinchado, hizo una incisión en forma de cruz. Por el corte empezó a correr una sangre pálida, primero en pequeña cantidad, luego a borbotones. Aún dio dos o tres mazazos, ligeros y prudentes, y por el sitio en el que acababa de hacer el corte apareció la punta herrada del poste. Continuó todavía unos minutos martilleando, hasta que la punta del palo alcanzó la altura de la oreja derecha. Radislav estaba empalado en el poste de igual modo que se ensarta un cordero en el asador, con la diferencia de que a él no le salía la punta por la boca, sino por la espalda, no habiendo interesado gravemente ni los intestinos ni el corazón ni los pulmones. (...) Los dos zíngaros dieron la vuelta al cuerpo entumecido y se pusieron a atarle las piernas a la parte inferior del poste. (…) Tenía los ojos abiertos de par en par, inquietos; pero los párpados permanecían inmóviles, la boca abierta, los labios rígidos y contraídos, los dientes apretados. Aquel hombre no podía controlar ya algunos de los músculos de su cara, que, por esta circunstancia, parecía una máscara. Sin embargo, su corazón latía sordamente y los pulmones mantenían una respiración corta y acelerada. Los verdugos levantaron el poste. (…) Fijaron la base del poste entre dos vigas y lo aseguraron con grandes clavos; a continuación, y a la misma altura, clavaron igualmente un tarugo de madera al poste y a las vigas. Una vez terminada la tarea, los zíngaros se apartaron un poco, yendo a reunirse con los guardianes, y, en el espacio vacío, quedó solo, elevado a una altura de dos archinas, enderezado, con el pecho hacia adelante y desnudo hasta la cintura, el hombre empalado. Desde lejos se vislumbraba que, a través del cuerpo, pasaba el poste al que estaban atados sus tobillos, mientras los brazos lo estaban a la espalda»[1].

En el empalamiento la muerte podía producirse de manera instantánea o prolongarse la agonía durante horas o incluso días. En el caso de que no se quisiera una muerte rápida era necesario no afectar a ninguno de los órganos vitales del condenado. Por ese motivo, el empalamiento se hacía lentamente y controlando en todo momento la dirección de la estaca introducida. En el caso de que se desviara unos centímetros del camino mentalmente prefijado, se podía perforar algunos de los órganos vitales o afectar a una arteria (provocando una muerte rápida por desangramiento); todo dependía, por tanto, de la "pericia" del empalador. Además, para que la muerte fuera lenta debía utilizarse una estaca de punta

---

[1] En la novela, el sujeto permaneció vivo y consciente cuatro horas después de la ejecución de la sentencia de empalamiento, falleciendo a la mañana siguiente. ANDRIĆ, Ivo, *Un puente sobre el Drina*, Debolsillo, 2000.

roma, no afilada, para que al entrar desgarrara y no atravesara, de manera que si se encontraba con un órgano importante éste fuera empujado y desplazado en lugar de perforado. Sin embargo, se buscara o no una muerte rápida, era posible que ésta se produjera a causa de un shock debido al dolor. El empalamiento se solía hacer con el reo tumbado y, una vez atravesado, la lanza o estaca con el cuerpo empalado era levantada, colocada en posición vertical y clavada en el suelo. El empalado, si aún permanecía con vida, solía ser abandonado en esa posición hasta que muriera y, tras su muerte, no era extraño que quedara su cuerpo a merced de las inclemencias del tiempo, dejando que éstas, los animales carroñeros y la putrefacción hicieran su trabajo.

Aunque quizás fuera usado por otros pueblos en épocas anteriores, se suele señalar a Oriente Medio como el lugar de invención del empalamiento o, al menos, donde más relevancia tuvo. El imperio asirio no dudaba en usar el empalamiento con los prisioneros de guerra[2] y se establecía dicha forma de ejecución para la mujer que abortara voluntariamente, cuyo cadáver, además, no podía recibir sepultura[3]. En el mismo entorno geográfico, el Código de Hammurabi (s. XVIII a.C.) preveía el empalamiento para aquella mujer que, a causa de otro hombre[4], hacía que mataran a su marido (ley 150). Los persas siguieron con la "tradición", siendo muy conocida la orden que dio Darío I (549-586 a.C.) de empalar a 3.000 babilonios tras la revuelta de la ciudad de Babilonia contra el rey persa[5]. Posteriormente, el Imperio Otomano continuó practicando el empalamiento durante varios siglos.

---

[2] Cfr. PÉREZ LAGARCHA, Antonio. *Historia antigua de Egipto y del Próximo Oriente* (pág. 421). Ediciones AKAL, 2007.

[3] LEVEQUE, Pierre. *Las primeras civilizaciones* (pág. 284). Ediciones AKAL, 1992.

[4] Se cree referido a los casos de adulterio.

[5] BORÉ, Eugenio. *Historia de la Armenia* (pág. 42). Imprenta del Guardoa Nacional, 1838.

En el antiguo Egipto también se utilizó el empalamiento para determinados delitos, especialmente los considerados más graves; por ejemplo, se guardan testimonios de haberse aplicado dicha pena a los saqueadores de tumbas[6] o a los que robaban animales del templo de Abydos impidiendo su ofrenda a Osiris[7]. El empalamiento siguió usándose en los siglos posteriores, por lo menos hasta principios del siglo XIX[8].

Entre los hebreos no se practicó el empalamiento al no haber disposición bíblica que estableciera dicha pena y, por tanto, tampoco aparece en el *Talmud*. Sin embargo, en el *Targum de Ruth*[9] se recoge el empalamiento como una de las formas de ejecución; en este caso, la mayoría de estudiosos creen que se debió a la influencia de los saduceos. En el Rollo del Templo de Qumrán también aparece la pena de empalamiento en vida para los delitos especialmente graves, entendiéndose que es posible que el empalamiento llegase a usarse en Israel, al menos durante cierta época, de forma extraordinaria[10].

El empalamiento no estaba presente ni en el sistema penal de la antigua Grecia ni en el de la antigua Roma. Esto motivó que fuera una pena poco frecuente o inexistente en el mundo occidental. Sin embargo, sí se

---

[6] GRIMAL, Nicolás. *Historia del Antiguo Egipto* (pág. 323). Ediciones AKAL, 2004.

[7] VV.AA. (coordinador: PARRA ORTIZ, José Miguel). *El Antiguo Egipto* (pág. 413). Marcial Pons Historia, 2011.

[8] Así se ejecutó, por ejemplo, en 1800 al asesino del general francés Jean Baptiste Kleber durante la dominación francesa de Egipto. El asesino fue empalado, después de que le hubieran quemado la mano derecha, según «los usos del Egipto». *Napoleón en Italia, Egipto y Siria: 1796-1800. Tomo II* (pág. 100-102), Imprenta de Tomá Gorch, 1839.

[9] Un *Targum* es una paráfrasis aramea de la *Torá*, constituyendo, por tanto, una traducción no literal, sino libre que no podía contradecir a la *Torá*, sólo facilitar su comprensión.

[10] DÍEZ MACHO, Alejandro. *Ms. Neophyti V: Deuteronomio* (pág. 32). CSIC-Dpto. de Publicaciones, 1978.

practicó dicha forma de ejecución cuando parte de Occidente estuvo bajo dominación de pueblos orientales, como los cartagineses, o cuando la península ibérica estuvo bajo el dominio musulmán.

Entre los pueblos americanos precolombinos el empalamiento era una de las formas más comunes de ejecución. En algunos casos se estableció para algunos delitos concretos, tal y como ocurrió en la zona que actualmente es Colombia, donde el zipa de Bacatá, Nemequene (¿?-1514), dictó varias normas, entre ellas que el sodomita sería castigado mediante el empalamiento, sentando al culpable sobre una estaca de palma[11]. Los conquistadores españoles no tardaron en adaptarse al modo de ejecución indígena y lo utilizaron en numerosas ocasiones, especialmente para reprimir insurrecciones[12].

Si ha existido en la historia un empalador famoso fue Vlad Tepes (1431-1476), príncipe de Valaquia (en la actual Rumanía). Su padre, también llamado Vlad, era apodado *Dracul (El Dragón* en rumano) porque era Caballero de la Orden del Dragón; al morir éste su hijo heredó dicho título y fue conocido como Vlad Draculea. Mientras era educado en Turquía, entonces aliado del principado gobernado por su padre, este último fue depuesto y asesinado en 1447 y, tras años de preparativos y conjuras, Vlad utilizó el beneplácito de los turcos para recuperar el poder en 1456. Sin embargo, las traiciones por recuperar el poder y las amenazas de revueltas estaban presentes en todo momento y en 1459 descubrió a un grupo de mercaderes que conspiraban en su contra, ordenando el empalamiento de los traidores y

---

[11] VV.AA. *Los indios de Colombia* (pág. 88). Quito (Ecuador), Ediciones Abya Yala, 1995.

[12] FRIEDERICI, Georg. *El carácter del descubrimiento y de la conquista de América: Introducción a la historia de la colonización de América por los pueblos del viejo mundo. Volumen 2* (pág. 237). Fondo de Cultura Económica, 1987.

la quema de sus casas. Aquí comenzó la fama de empalador de Vlad y es que, según parece, fue en Turquía donde conoció el empalamiento de primera mano y le pareció una pena tan efectiva e intimidativa que no dudó en ordenar su práctica cuando lo vio necesario. Vlad acabó convirtiéndose en aliado de los húngaros y enemigo de los turcos, así que estos últimos le declararon la guerra a Vlad. A pesar de contar con un ejército muy inferior en número, consiguió vencer a los turcos en varias ocasiones. Vlad utilizó el empalamiento para ejecutar a sus enemigos con palos de distinto tamaño, colocando en el más alto al enemigo de mayor graduación militar. Finalmente, Vlad fue vencido en 1462 y los turcos colocaron un gobernador títere en Valaquia. Vlad fue encarcelado, pero consiguió escapar en 1475 y de nuevo se lanzó a la conquista del trono, siendo vencido definitivamente al año siguiente, en 1476, cuando fue sorprendido por los turcos. Fue decapitado y su cabeza se envió a Estambul, donde se exhibió públicamente. Vlad Draculea fue la figura que Bram Stoker utilizó para su conocida obra: *Drácula,* pero Vlad nunca fue un vampiro ni bebió sangre humana; sin embargo, su fama de cruel hizo que Stoker utilizara su nombre y su lugar de nacimiento (Transilvania) para ambientar su obra sobre el vampiro por excelencia[13]. Entre las historias que circulaban sobre Vlad se encontraba aquella que decía que le gustaba desayunar entre los "bosques de empalados" y que, una vez, mientras paseaba por uno de ellos, un fraile se quejó del mal olor y Vlad ordenó empalarlo en el palo más alto para que así no le molestara el hedor. Se habla de decenas de miles de personas empaladas por orden de Vlad, ya fueran prisioneros de guerra, delincuentes o simples mendigos, pero nunca se sabrá con certeza dónde acaba la historia y comienza la ficción. Aunque es cierto que la

---

[13] Cfr. SHELÁRU, Tereza, *Draculea, el hijo del Dragón,* Plural Editores, 2007. MOROS, Manuel, *Seres extraordinarios* (pág. 295-297), EDAF, 2004. MARTÍN PÉREZ, Carlos, *Estrategia y mente: el código del gran juego* (78-84), LibrosEnRed, 2005.

pena de muerte formaba parte del sistema de penas de varios países en la época de Vlad, la utilización del empalamiento, propia del "infiel turco", ayudó a forjar una mala fama que persiste siglos más tarde. A pesar de lo anterior, en Rumanía es considerado por muchos un héroe nacional que protegió a su pueblo de la invasión otomana, afirmando que su leyenda negra fue inventada por los enemigos de la época para desprestigiarlo.

El empalamiento siguió utilizándose en los conflictos bélicos como instrumento de tortura o de ejecución. Por ejemplo, han llegado hasta nosotros testimonios de dichas prácticas en las guerras coloniales que tuvo Francia en Indochina (1946-1954) y Argelia (1954-1962), donde se introducía una botella en el ano, o la vagina si era una mujer, con la posibilidad de que la botella reventara y acabara desangrado al empalado[14].

En la actualidad, dentro de los manuales de medicina de urgencias se recoge con detalle el tratamiento para los casos de empalamiento. En estos casos se llama empalamiento a la «herida penetrante causada por un objeto inciso-punzante de tamaño y aspecto variable, de forma que el objeto vulnerante queda clavado en el cuerpo del sujeto». Atendiendo a dicha definición, el empalmamiento comprendería numerosos supuestos, desde un cuchillo que aún se mantiene clavado en el abdomen a un lápiz clavado en el ojo o a cualquier objeto introducido en el ano o vagina[15].

---

[14] Op. cit. SUEIRO, Daniel (pág. 253).
[15] GUERRA GARCÍA, S. *Revista Emergencias y Catástrofes. Actitud prehospitalaria ante el paciente empalado. Vo. 1, nº3, 2000* (pág. 168-173).

FUSILAMIENTO

Fusilar consiste, en sentido estricto, en «ejecutar a alguien con una descarga de fusilería[1]», lo que supone utilizar una o varias armas de fuego. Sin embargo, antes de inventarse el fusil, e incluso el arma de fuego, se "fusilaba" mediante otros sistemas si entendemos que caben dentro del mismo concepto aquellos casos en los que la muerte de la persona es causada por un objeto lanzado desde cierta distancia y que penetra en el cuerpo del ejecutado hasta causarle la muerte. Así, supondría una forma primitiva de "fusilamiento" el ser condenado a morir a lanzadas o con flechas.

El precedente más importante del fusilamiento es el *asaeteamiento*. Para asaetear a alguien se utiliza una saeta, que es definido por la Real Academia de la Lengua Española como un «arma arrojadiza compuesta de un asta delgada con una punta afilada en uno de sus extremos y en el opuesto algunas plumas cortas que sirven para que mantenga la dirección al ser disparada». Es muy conocido el *asaeteamiento* del mártir cristiano san Sebastián, que fue atado a un poste y asaeteado; fue dado por muerto, pero aún moribundo, fue rescatado y sanado de sus heridas hasta que fue detenido de nuevo y azotado hasta la muerte. El *asaeteamiento* era la pena establecida en el siglo XV por la Santa Hermandad de varios Concejos castellanos y aragoneses para los ladrones y salteadores[2]. Al parecer, estas hermandades parecían ajusticiar sin mucho miramiento, tal y como reflejó humorísticamente Francisco de Rojas en la obra de teatro *Entre bobos anda el juego* cuando dice que la «hermandad mesonizante / asaetea a todo caminante[3]».

---

[1] Tal y como es definido en la 22ª edición del Diccionario de la Real Academia Española de la Lengua.

[2] Por ejemplo, la Santa Hermandad en Peralvillo (Ciudad Real) según DE COVARRUBIAS OROZCO, Sebastián, *Tesoros de la Lengua Castellana o Española* (pág. 495), Luís Sánchez, 1611.

Con la invención de la pólvora surgieron las armas de fuego, en principio primitivas y, luego, más sofisticadas. Una de ellas fue el arcabuz, que se disparaba prendiendo la pólvora del tiro mediante una mecha móvil situada en el arma; con la invención de ésta nació un nuevo modo de ejecución: arcabucear. Este sistema era especialmente utilizado en el ámbito militar. Al arcabuz siguió el mosquete, más potente, aunque más pesado y menos certero. Con la sustitución de la mecha por el pedernal como mecanismo de ignición de la pólvora nació el fusil, que sustituyó a las armas anteriores. Sin embargo, la invención humana ha seguido creando nuevas armas portátiles que, además de ser utilizadas para la defensa propia, la guerra o la caza, también se han utilizado como medio de ejecución: pistolas, fusiles automáticos y semiautomáticos, ametralladoras, etc.

Por lo general, se ha intentado dotar al acto del fusilamiento de una ceremonia y un protocolo que trata de darle formalidad para convertirlo en lo más honroso posible. Esto deriva del origen militar de la ejecución por fusilamiento y su mayor incidencia en los delitos de carácter militar. Aunque la ceremonia varía dependiendo del lugar y la época, existen unas normas comunes que suelen repetirse y que podemos resumir de la siguiente manera:

– La pena solía ser ejecutada sin publicidad[4], ya fuera en los patios de una cárcel o un cuartel.
– El reo, vestido de uniforme si era militar, era colocado en el sitio de ejecución denominado paredón en el caso de que a su espalda se

---

[3] DE ROJAS, Francisco. *Entre bobos anda el juego, Acto Segundo, Escena I*, 1638.

[4] En España, el Código de Justicia Militar de 1945, actualmente derogado, establecía lo siguiente en el art. 871: «la pena de muerte se ejecutará mediante fusilamiento y sin publicidad».

hallara un muro y, aunque normalmente era colocado de pie frente al pelotón de ejecución, en ocasiones era sentado en una silla.

– Al condenado se le brindaba la oportunidad de recibir auxilios religiosos y, en ocasiones, se le preguntaba si deseaba recibir los disparos de frente o de espalda, así como si deseaba que se le vendaran los ojos.

– A la orden del encargado de dirigir la ejecución, que en el caso de que fuese un militar solía tener rango de capitán o sargento, el pelotón de fusilamiento disparaba. En los fusilamientos militares, y en el supuesto de que se diera más formalidad al acto, un redoble de tambor acompañaba el fatídico momento, cesando en el momento en el que el militar al mando del pelotón de fusilamiento daba la orden en voz alta.

– Las palabras que precedían al fusilamiento no eran siempre las mismas, pero han pasado a la historia, debido a la literatura y el cine, las conocidas de «pelotón, preparen armas, apunten, ¡fuego!».

– Tras la descarga de la fusilería era común en los fusilamientos militares que el sargento o capitán al mando del pelotón se acercara al cuerpo, ya tendido en el suelo, y disparara con su pistola el denominado "tiro de gracia[5]" en la cabeza. Esto se hacía, supuestamente, para acabar con el sufrimiento de la persona, aunque su finalidad práctica solía ser la de confirmar la muerte de la misma.

Era frecuente que una de las armas utilizadas por el pelotón de fusilamiento fuera cargada con una bala de fogueo, también llamada bala vacía o cartucho cargado en blanco, de manera que, de los fusiles que disparaban, había uno que carecía de munición real. De esta manera

---

[5] Dicha frase proviene del francés, *coup de grâce*.

se trataba de mantener tranquila la conciencia de los miembros del pelotón para que todos pensaran que no había sido su disparo el que había herido o matado al condenado. Sin embargo, los especialistas dicen que, con las armas actuales, el tirador distingue si su arma ha disparado una bala cargada o no por el retroceso y el golpe en el hombro, por lo que la eficacia tranquilizadora de dicha medida es puesta en duda[6].

El tiro en la nuca, ajeno a todas aquellas formalidades que pretenden vestir de solemnidad a dicho acto, ha sido utilizado por mafiosos, terroristas y sanguinarios delincuentes, pero también ha pasado a ser parte del sistema de ejecución estatal en algunos países. En la actualidad, el país que más ejecuciones al año realiza es China y, aunque el número exacto se desconoce por no ser público, se cree que las realizadas en un año sobrepasan con creces el total de las realizadas en el mundo, estimándose en miles[7]. En China el método normal de ejecución es el tiro en la nuca, aunque coexiste con el de inyección letal y, pese a que en 2008 el vicepresidente de la Corte Suprema de China anunció que la inyección iría progresivamente sustituyendo al disparo, éste sigue siendo el método más común por razones económicas y de sencillez[8]. Además, hay quién cree que en China la inyección letal no se utiliza y se prefiere el tiro en la nuca porque de esta manera se pueden extraer los órganos del ejecutado y utilizarlos para transplantes, práctica que es legal en China, país donde el número de donantes voluntarios es escaso debido a razones culturales[9].

---

[6] Op. cit. SUEIRO, Daniel (pág. 145).

[7] Según las estadísticas e informes anuales presentados por Amnistía Internacional.

[8] Aunque hay informaciones que dicen que los familiares del ejecutado deben abonar el precio de la munición gastada (la llamada "factura de bala"), dado el secretismo que rodea las ejecuciones en el país oriental, esta circunstancia nunca ha sido confirmada por las autoridades y se desconoce si ocurre realmente o es una leyenda.

[9] El viceministro de Sanidad de China, Huang Jiefu, reconoció en 2010 que el

El fusilamiento espontáneo se ha llevado a cabo sobre todo en medio de conflictos bélicos, donde las decisión de fusilar se tomaba sin juicio previo o, en el mejor de los casos, tras un juicio sumarísimo en el que solía ignorarse el derecho de defensa y la sentencia estaba decidida previamente. Sólo a título de ejemplo, podemos recordar los *paseos* realizados por ambos bandos durante la Guerra Civil Española (1936-1939)[10], así como las farsas de juicio en la URSS durante la época estalinista que solían acabar en la deportación o el fusilamiento[11]. En estos casos solía llevarse a cabo un fusilamiento rápido, sin pompa y, si podía ser, barato. Esto último fue el principal motivo por el que en los campos do exterminio nazis se decidiera sustituir el fusilamiento por la cámara de gas, ya quo la II Guerra Mundial se convirtió en un conflicto largo en el que los recursos comenzaron a escasear, especialmente entre las fuerzas del Eje, por lo que una bala se convertía en un bien preciado; al motivo económico hay que añadir el desgaste psicológico de los soldados y el sadismo del fusilamiento, tal y como criticaron algunos jefes de las SS[12].

---

90 % de los órganos trasplantados provienen de ejecutados, aunque afirmaba que se extraían los órganos tras obtener el consentimiento del reo o sus familiares (*Diario El País, 24 de marzo de 2010*). El mismo viceministro de Sanidad anunció en 2012 que deseaba que en un plazo de tres a cinco años cesara el trasplante de órganos de ejecutados (*Diario El País, 23 de marzo de 2012*). Dicha medida se hizo efectiva el 1 de enero de 2015 (*Diario El País, 5 de diciembre de 2014*).

[10] No existen estadísticas plenamente fiables, p. ej., Ramón Salas Larrazábal en su libro *Pérdidas de la guerra* (1977) concretó el número en 73.297 fusilados junto a los homicidios por otras causas por parte del "bando gubernamental" y 57.883 por el "bando nacional" durante la Guerra Civil, que sumarían 131.180 personas. Sin embargo, este dato ha sido cuestionado por algunos autores que, entre otras cosas, suman los ejecutados por el "bando nacional" tras la Guerra Civil.

[11] Tampoco se conocen el número de deportados o fusilados por las purgas estalinistas, aunque los números que manejan los investigadores son siempre de millones de personas (p. ej. Roy Medvedev contó 40 millones y Alexander Solzhenitsyn llegó hasta los 60 millones).

[12] Cfr. FORGES, Jean-François. *Educar contra Auschwitz: historia y memoria* (pág. 133). Anthropos Editorial, 2006. El jefe de las SS en Rusia central, Erich

Hay casos en los que el fusilamiento no ha producido el objetivo perseguido y el condenado ha escapado con vida de la ejecución. Esto ha sucedido en alguna ocasión en los fusilamientos masivos o espontáneos en los que el tiro de gracia no solía efectuarse. Un caso muy conocido a raíz de un libro y una película que comparten título, *Soldados de Salamina,* es el intento de fusilamiento del escritor y falangista Rafael Sánchez Mazas (1894-1966) ocurrido el 29 de enero de 1939. Ese día fue sacado junto a cuarenta y nueve hombres más del monasterio de Santa María de Collel (que había sido convertido en cárcel) para, supuestamente, trabajar en la construcción de un campo de aviación en Baloñas. Tras avanzar el grupo de prisioneros unos 150 metros en diez filas de cinco hombres cada una, una voz les ordenó que dieran media vuelta a la izquierda en una explanada; tras girar, quedaron conformados en cinco filas de diez hombres cada una de ellas. Las ametralladoras comenzaron a disparar desde sus espaldas; en ese momento, salió corriendo Sánchez Mazas, que ocupaba el primer lugar a la derecha de la segunda fila, internándose en el bosque, donde se escondió hasta que fue encontrado por un joven miliciano que, tras apuntarle con su fusil y mirarle a los ojos, gritó a sus compañeros que no había nadie y le dejó escapar. En este caso, la posición que ocupaba en la fila y la rapidez de reacción permitieron que le diera tiempo a huir. En el mismo fusilamiento también se afirma que estuvo presente Jesús Pascual Aguilar, que ocupaba el segundo lugar a la derecha en la tercera fila y que

---

Dem Bach-Zelewski avisó en otoño de 1941 a Heinrich Himmler, comandante en jefe de las SS, que los asesinatos y crímenes de los miembros de las SS producían «neuróticos y brutos». Se cuenta que el mismo Erim Dech Bach-Zelewski acabó hospitalizado en febrero de 1942 por problemas psicológicos tras ordenar y presenciar varios fusilamientos masivos. El mismo Himmler estuvo a punto de desmayarse al presenciar un fusilamiento masivo en Misnk el 15 de agosto de 1942. Los motivos económicos y "humanitarios" fueron los que provocaron la sustitución del fusilamiento por la cámara de gas en la llamada "Solución Final".

también pudo salvarse[13]. En otras ocasiones, los encargados del tiro de gracia son los que han llegado a apiadarse de los condenados. Esto ocurrió con un joven izquierdista llamado Rafael Bedmar que, tras el fusilamiento, cayó herido entre los cadáveres y el propio legionario que debía rematarle le dijo que se hiciera el muerto[14]. En otras ocasiones podían salvarse de un primer fusilamiento, pero eso no solía impedir que fueran de nuevo fusilados, esta vez sin fallos[15].

En España, los últimos fusilamientos se produjeron el 27 de septiembre de 1975 en las ciudades de Barcelona, Madrid y Burgos. Fueron fusilados tres militantes del Frente Revolucionario Antifascista y Patriótico (FRAP) y dos de Euzkadi ta Askatasuna (ETA). La razón por la que fueron fusilados y no sometidos a garrote vil es que fueron juzgados por delitos militares relacionados con el terrorismo, debido al carácter militar de los asesinados (miembros de la Guardia Civil y la Policía Armada), ya que el Código de Justicia Militar establecía el fusilamiento como medio de ejecución. No sólo fueron los últimos fusilados en España, sino que también se convirtieron en los últimos ejecutados[16].

En Estados Unidos, el fusilamiento sigue vigente en el estado de Oklahoma como método secundario,

---

[13] Jesús Pascual Aguilar contó su historia en el libro titulado *Yo fui asesinado por los rojos* (1981). Como ya dijimos, el fusilamiento de Sánchez Mazas es relatado en el libro *Soldados de Salamina* (2001), cuyo autor es Javier Cercas, llevado al cine con el mismo título en 2002.

[14] ZAVALA, José María. *Los horrores de la Guerra Civil,* 2011.

[15] En la obra anteriormente citada de José María Zavala se cuenta una historia ocurrida durante la Guerra Civil Española en la que, tras pasar diecisiete personas por un pelotón de fusilamiento, quedaron tres hombres con vida, dos de ellos fueron «curados en un cortijo», pero después fueron al mismo «lugar del fusilamiento y los acabaron de matar»; sin embargo, el otro, que era cabrero, no fue llevado de nuevo a fusilar y pudo salvarse.

[16] Con independencia de la abolición de la pena de muerte en España, el disparo a bocajarro, o el tiro en la nuca, se ha convertido a lo largo de los años en el protagonista de los noticieros españoles debido a los numerosos asesinatos realizados de esa manera por las bandas terroristas ETA y GRAPO.

siendo el medio estándar la inyección letal. Anteriormente, el fusilamiento también era, junto a la inyección letal, el modo oficial de ejecución en el estado de Idaho hasta que en 2009 se prohibió el fusilamiento, convirtiéndose la inyección letal en el único medio de ejecución. El último fusilamiento en los Estados Unidos se produjo en Utah en 2010 a pesar de que este medio fue desterrado del sistema penal en 2004. Se trataba de Ronnie Lee Gardner, condenado por asesinato. La razón por la que fue fusilado fue que el delito por el que había sido condenado a muerte se había cometido en 1985. Al condenado se le dio a elegir entre la inyección letal y el fusilamiento, prefiriendo este último al creer que era, según el testimonio transmitido por su abogado, un método «más humano». Gardner fue sentado y atado ante un pelotón de fusilamiento formado por cinco agentes de los que uno de ellos y sin saberlo, llevaba balas de fogueo. Fue dado por muerto oficialmente el 18 de junio de 2010 a las doce y veinte de la madrugada[17]. En 2015, la Cámara de Representantes del estado de Utah aprobó la utilización del fusilamiento en el caso de que no se dispusiera de inyección letal[18].

El fusilamiento sigue vigente en varios países como Marruecos[19], Indonesia, Emiratos Árabes Unidos, Irán, Corea del Norte o Vietnam[20]. Como ya expusimos

---

[17] *Diario El País, 17 de junio de 2010.*

[18] *Diario El País, 11 de marzo de 2015.*

[19] SLYMOVIC, Susan. *The Argument from Silence: Morocco's Truth Commission and Women Political Prisioners. Human Rights, suffering, and aesthetics in political prison literature* (pág. 104), Lexington Books, 2011. Actualmente, existe un movimiento abolicionista en Marruecos que se ha plasmado en la constitución de 2011 que proclama en su art. 20 el derecho a la vida, aunque no se realiza una abolición de la pena capital. Sin embargo, a pesar de existir varios condenados a dicha pena no se ejecuta a nadie en Marruecos desde 1993, cuando se acabó con la vida del jefe de policía de Casablanca, Mohamed Tabet, condenado por la violación de más de mil mujeres.

[20] En Vietnam se acordó en julio de 2011 la sustitución del fusilamiento por la inyección letal, pero la falta de las sustancias químicas apropiadas ha provocado sucesivas moratorias de su entrada en vigor, por lo que sigue utilizándose el fusilamiento.

anteriormente, el país donde más ejecuciones se producen en la actualidad, China, utiliza la variante del tiro en la nuca.

FUSTIGACIÓN HASTA LA MUERTE

Fustigar supone azotar a una persona y, en el caso de que se imponga como medio para acabar con la vida de alguien, azotarla hasta la muerte.

A lo largo de la historia los más diversos pueblos han adoptado el azote como medio de tortura o como un tipo de pena que no conllevaba la muerte. En este último caso, lo más frecuente era establecer un número de azotes concretos según el delito cometido. Los judíos tenían prohibido dar por la pena más de cuarenta azotes (Dt. 25, 1-3), aunque parece ser frecuente que se dieran treinta y nueve, como ocurrió con el apóstol Pablo (2 Cor. 11, 24), para evitar sobrepasar el número por fallo o equivocación. El Fuero Juzgo (s. XIII) graduaba los azotes según la importancia del insulto en la injuria[1]. No debemos creer que su pervivencia en el mundo occidental es lejana, por ejemplo, en la *Royal Navy* británica la pena de azotes se mantuvo hasta 1949.

En este capítulo vamos a analizar los supuestos en los que la fustigación tenía como objetivo la muerte del condenado, ya fuera siendo azotado o golpeado con un palo. Los testimonios más completos del mundo antiguo sobre la muerte por fustigación provienen del derecho romano. Eso sí, es necesario distinguir entre fustigar y flagelar. Actualmente fustigar es sinónimo de azotar y tiene el mismo significado que flagelar. Sin embargo, hubo un momento en el que en Roma se distinguió entre la fustigación y la flagelación. La fustigación se aplicaba con varas gruesas (*fustes*) y la flagelación con varas delgadas (*virgae*). A estas últimas podían unírseles plomo o hierros candentes (*flagra*).

---

[1] ZAMBRANA MORAL, Patricia. *Tipología de la penas corporales medievales.* Revista de Estudios Histórico-Jurídicos de la Pontificia Universidad Católica de Valparaíso (pág. 4).

Mientras que la fustigación era aplicada a los hombres libres (sobre todo en el ámbito militar), la flagelación era una pena aplicada a los esclavos[2]. Otros han preferido distinguir entre los *fustibus*, palos con los que se golpeaba a los militares, las *virgis* o varas aplicadas a los ciudadanos hasta su abolición a fines de la República, y las *flagelis* o látigos o correas que se utilizaban con los esclavos[3]. En ocasiones, la fustigación alcanzaba connotaciones religiosas; esto sucedía en el caso de que una virgen vestal descuidara el fuego fatuo, el delito era castigado con la fustigación a manos del sumo sacerdote en un lugar oscuro y ella era cubierta con un velo[4]. En el caso de que una virgen vestal incumpliera sus votos, la mujer era enterrada viva, mientras que el amante era fustigado hasta la muerte[5]. Además, en Roma la fustigación era una pena accesoria a la pena de muerte en el caso de los varones, no así en el caso de las condenas a muerte de mujeres y militares, que eran ejecutados sin ser azotados previamente[6]. En el cristianismo es muy recordada la flagelación de Jesucristo (Jn 18, 33-19,1). Asimismo, también podemos recordar la muerte de san Sebastián, azotado hasta la muerte tras fracasar el intento de ejecución mediante *asaeteamiento*.

En este apartado podemos incluir el *mazzatello*. Dicho sistema fue utilizado en el Estado Pontificio. En dicha forma de ejecución, el verdugo elevaba un pesado

---

[2] ARRAZOLA, Lorenzo. *Enciclopedia española de derecho y administración o Nuevo teatro universal de la legislación de España e Indias*. Tip. de Antonio Rius y Rossell, 1852 (pág. 348 y ss.)

[3] ZAMBRANA MORAL, Patricia. op.cit. (pág. 5).

[4] ESCOSURA DE LA, Patricio. *Manual de mitología. Compendio de la historia de los dioses, héroes y mas notables acontecimientos de los tiempos fabulosos de Grecia y Roma*. (pág. 102) Establ. Tip. de F. de P. Mellado, 1845.

[5] POMEROY, Sara B. *Diosas, rameras, esposas y esclavas* (pág. 236). Ediciones AKAL, 2004.

[6] ZAMBRANA MORAL, Patricia. *Tipología de la penas corporales medievales* (pág. 4). Revista de Estudios Histórico-Jurídicos de la Pontificia Universidad Católica de Valparaíso.

mazo y lo volteaba una o dos veces por encima de la cabeza del reo para obtener más velocidad y golpear con él la cabeza del condenado. En caso de que la víctima no falleciera instantáneamente, se acababa con su vida con una cuchillada en el cuello. Dicho sistema se mantuvo vigente hasta fines del siglo XIX, cuando desapareció el Estado Pontificio con la Unificación de Italia[7]. Evidentemente, difiere en gran medida de la flagelación o fustigación por ser un sistema mucho más contundente y rápido.

En Marruecos, al menos hasta el fin del Protectorado (1956) existía «el apaleamiento hasta la muerte por medio de un nervio de buey o una cuerda engrasada»[8].

Además de los casos en los que la pena de muerte era ejecutada por los medios aquí analizados, habría que añadir la cantidad de defunciones, nunca contadas, producidas en medio de un castigo o tortura cuando el sujeto no era capaz de aguantar el terrible golpeo. La muerte, en estos casos, no era considerada más que un accidente, en la mayoría de casos sin responsabilidad alguna para el verdugo. Una excepción a esto último se encuentra en el caso de los judíos, donde el *jazán* (equivalente al verdugo) no era responsable de la muerte del reo salvo en los supuestos en los que se hubiera excedido, aunque fuera en uno sólo, en los azotes prefijados; en este caso el *jazán* era condenado a ser internado en una ciudad de refugio (unos poblados concretos en los que no podía ser detenido ni juzgado)[9].

---

[7] Op. cit. SUEIRO, Daniel (pág. 236).
[8] Cfr. op. cit. SUEIRO, Daniel.
[9] Op. cit. GOLDESTEIN, Mateo (pág. 147).

GARROTE

El garrote es un artificio ideado para ocasionar la muerte y su funcionamiento podría definirse de la siguiente manera: el reo era sujetado a un poste y se le colocaba una argolla de hierro a modo de collar rodeando el cuello, ésta se encontraba unida a un torno que, al ser girado por el verdugo, causaba la muerte del sujeto por asfixia o por rotura de las vértebras cervicales. Los métodos más rudimentarios podían consistir en una cuerda con un nudo corredizo a través de un palo que, al ser girado, apretaba el cuello del condenado hasta asfixiarlo. Dicho sistema fue superado al utilizarse una argolla de hierro y, para mejorar su eficacia del sistema, se le añadió un tornillo o punzón de hierro que, al accionarse el mecanismo, penetraba entre la segunda y quinta vértebra cervical (dependiendo de la altura a la que se situara) causando la muerte al atravesar la médula espinal. Los mismos verdugos modificaban las máquinas o proponían reformas en las mismas dirigidas a hacerlas más eficaces. Etimológicamente, la palabra garrote parece derivar del francés *garoquier* ("apretar con cuerdas")[1]. Aunque con el paso del tiempo se sustituyeron las cuerdas por el hierro (más efectivo y rápido), la palabra "garrote" ya estaba plenamente implantada.

En cuanto a la efectividad del garrote, son varios los que destacan que causaba la muerte de manera instantánea, siendo preferible a la horca, ya que ésta no siempre dislocaba vértebras cervicales, ocasionando entonces una muerte lenta por asfixia (que sería aún más lenta en los casos en los que existiera una osificación acusada de la laringe[2]). Las características físicas de

---

[1] SUEIRO, Daniel. *Los verdugos españoles* (pág. 267). Alfaguara, 1971.
[2] FERNÁNDEZ DEL VALLE, Juan. *Cirugía forense general y particular. Tomo*

algunos sujetos a ejecutar provocaron que, en más de una ocasión, el verdugo adecuara la máquina al condenado. Sin embargo, a pesar de realizarse las modificaciones pertinentes, se produjeron muchas muertes lentas debido a la impericia del verdugo, a los fallos de la máquina o al físico del condenado. Un ejemplo de esto último ocurrió durante la ejecución de José María Jarabo (1923-1959), un dandi de la época, condenado a muerte por el asesinato de dos hombres y dos mujeres[3]; según las crónicas de la época, Jarabo era un atleta y «tenía el cuello como un toro», circunstancia que impidió que se rompiera el cuello y su ejecución durara veinte minutos. Su abogado, el ilustre penalista Antonio Ferrer Sama (1913-1986) contó los pormenores de su ejecución en el documental *Querídisimos verdugos* (1973), dirigido por Basilio Martín Patino, de la siguiente manera: «transcurrieron veinte minutos (..), lo cierto es que por defecto del aparato o por falta de fuerza física del verdugo fue una muerte espantosa». Tras la ejecución de Jarabo se reunió una comisión de médicos que estudió modificar el garrote, acordándose añadir una pieza que, sin embargo, no llegó a utilizarse[4].

Es difícil determinar cuándo surgió el garrote, pero en el caso de la península ibérica aparecía ya reflejado en su forma más rudimentaria como sistema de cuerdas en la *Crónica de los Reyes de Castilla* de Alfonso X en el siglo XIII. Además, no sólo era un medio de ejecución, sino que también era un método de tortura que se utilizaba apretando y aflojando las cuerdas para sufrimiento del sujeto con la intención de obtener una confesión del mismo.

II. (pág. 68). Imprenta de Aznar, 1797.

[3] *Diario El País, 13 de julio de 2008.*

[4] MARTÍNEZ DALMAU, Rubén. *Un aproximación a la pena de muerte durante el franquismo. La pena de muerte y su abolición en España* (pág. 42). Amnistía Internacional, 1995.

Cuando el garrote era utilizado como medio de ejecución se distinguían los siguientes tipos: el garrote ordinario se aplicaba a las personas del estado llano; el garrote noble, para los hijosdalgos; el garrote vil, en los casos de delitos infamantes sin distinción de clase. En el garrote ordinario los reos iban conducidos en caballería mayor y con capuz pegado a la túnica; en el garrote noble el reo iba en caballería mayor ensillada y con gualdrapa negra; en el garrote vil iba en caballería menor o arrastrado y con capuz suelto[5].

En el caso de la Inquisición, al menos durante el siglo XVI, se usó para ejecutar a aquellos que, condenados a muerte, confesaban sus delitos a última hora (así evitaban una muerte más dolorosa en la hoguera). En esos casos, tras ser ejecutado por medio del garrote, su cadáver era posteriormente quemado[6].

En 1807 un sujeto fue condenado a muerte por la Sala del Crimen en la Audiencia de Aragón y se solicitó al Consejo de Castilla que fuera ejecutado por medio del garrote y no de la horca. El Consejo de Castilla elevó una consulta al rey Carlos IV y se abrió un expediente para estudiar la implantación del garrote como pena capital ordinaria sustituyendo a la horca[7]. Sin embargo, después se produjeron la invasión francesa y la Guerra de Independencia, paralizándose el proceso.

En 1809, siendo rey de España José Bonaparte, hermano de Napoleón, se aprobó mediante Real Decreto de 19 de octubre de 1809 la abolición de la horca (art.1),

---

[5] ESCRICHE, Joaquín. *Diccionario razonado de legislación y jurisprudencia. Tomo primero* (pág. 844). Librería de la señora viuda e hijos de D. Antonio Calleja, 1847.

[6] SPLENDIANI, Anna María. *Cincuenta años de Inquisición en el Tribunal de Cartagena de Indias, 1610-1660, Volumen 1. Origen del Tribunal del Santo Oficio de la Inquisición* (pág. 53) Pontificia Universidad Javeriana, 1997.

[7] PUYOL MONTERO, José María. *Cuadernos de Historia del Derecho 2010. La pena de garrote durante la Guerra de Independencia: los decretos de José Bonaparte y de las Cortes de Cádiz* (pág. 573).

su sustitución por el garrote para todo reo «sin distinción alguna de clase, estado, calidad, sexo ni delito» (art.2), el establecimiento del tiempo de permanencia en capilla de 24 horas (art.3) y la degradación del sujeto si tuviera cualquier distinción civil, militar o eclesiástica (art. 4)[8]. A partir de ese momento también desapareció la distinción entre los garrotes vil, ordinario y noble, aunque coloquialmente se usarían de manera indistinta las denominaciones de garrote y garrote vil para referirse al mismo. Asimismo, se realizaron diversos proyectos oficiales para modificar la máquina con el objeto de conseguir que fuera más efectiva y rápida[9]. Mientras, en las Cortes de Cádiz, en sesión del 14 de diciembre de 1811, el diputado por Sevilla, José Luis Morales Gallego, que además fue Presidente de las Cámaras entre el 24 de noviembre de 1810 y el 23 de diciembre de 1810, planteó la posibilidad de que la nueva Constitución recogiera la sustitución de la horca por el garrote. Sin embargo, la Comisión encargada de la elaboración de la futura Constitución dictaminó «que podrá muy bien sustituirse la pena de garrote á la de horca, quedando esta abolida; pero que semejante declaración no es propia de la Constitución, á quien no corresponde descender á tales pormenores[10]». Habría que esperar al 24 de enero de 1812, cuando se aprobó por decreto de las Cortes Generales la abolición de la pena de horca y su sustitución por la de garrote. Los pormenores que siguieron a la vuelta de Fernando VII hicieron que dicha norma quedara en suspenso hasta el 24 de abril de 1832, cuando el rey dictó un real decreto que restablecía lo adoptado por las Cortes en 1812. Aunque es frecuente que se atribuya dicha implantación a un regalo de

---

[8] CARBAJO ISLA, María. *Muertes malas. Ejecuciones en el siglo XVIII. Etnografías de la muerte y las culturas en América Latina* (pág. 97).

[9] Cfr. op. cit. PUYOL MONTERO, José María (pág.575-577).

[10] *Hace 200 años. Diario de las Cortes de Cádiz. Crónica parlamentaria diaria. 22 de enero de 1812:*
http://www.congreso.es/portal/page/portal/Congreso/Congreso/Hist_Normas/20 0/H1812_1

cumpleaños hecho por Fernando VII a su esposa, su restauración como medio único de ejecución fue fruto de una decisión del rey a consulta del Consejo de Castilla en 1830[11].

El garrote se convirtió en el único sistema de ejecución en España; sin embargo, eso no impidió que, en el ámbito militar, también se usara el fusilamiento como medio de ejecución. Con excepción del periodo comprendido entre 1932 y 1934 (años en los que se abolió la pena capital), la pena de muerte se ejecutó por medio de garrote hasta la aprobación de la nueva Constitución Española en 1978.

La ejecución se realizaba en público hasta la Real Orden sobre ejecuciones capitales de 24 de noviembre de 1894, que disponía que la ejecución se realizaría dentro de la prisión[12]. La obligación de realizar la ejecución en privado fue reiterada el 9 de abril de 1900 con la denominada Ley Pulido, que lleva dicho nombre al redactarse a propuesta del senador Ángel Pulido Fernández (1852-1932)[13]. Desde entonces, se pasó de las plazas públicas a los patios de las cárceles, convirtiéndose éstos en testigo mudo de las ejecuciones por garrote realizadas en España. En el recuerdo quedaron aquellos padres que llevaban a sus hijos a las ejecuciones como medida ejemplarizante y les daban un pescozón cuando se ejecutaba la pena mientras les decían: «¡Toma, para que aprendas y no lo olvides!»[14].

---

[11] Op. cit. PUYOL MONTERO, José María (pág. 548).

[12] Además, establecía otras disposiciones, como que ondeara la bandera negra en el exterior de la prisión durante el día de la ejecución o que, voluntariamente, tres vecinos designados por el alcalde pudieran estar presentes durante la misma. Cfr. VON LISZT, Franz. *Tratado de Derecho Penal* (pág. 595). Valletta Ediciones, 2007.

[13] Cfr. PUYOL MONTERO, José María. *La publicidad en la ejecución de la pena de muerte: las ejecuciones públicas en España en el siglo XIX* (pág. 182 y sig). Universidad Complutense, Facultad de Derecho, Servicio de Publicaciones, 2001.

[14] MARTÍNEZ OLMEDILLA, Augusto. *Anecdotario del siglo XIX* (pág. 136). Aguilar, 1957.

La última ejecución pública realizada en Madrid fue en 1890, mientras que la última producida en Barcelona data de 1897. Sin embargo, a pesar de estas disposiciones legales, aún fue realizada una última ejecución en público en Badajoz en 1903[15].

La última mujer ejecutada en España fue Pilar Prades Expósito (1928-1959), condenada por el asesinato de tres mujeres mediante envenenamiento. La pena se ejecutó el 19 de mayo de 1959 a las siete de la mañana[16].

Las últimas ejecuciones en España por medio del garrote se produjeron el 2 de marzo de 1974. Fueron ejecutados el alemán Heinz Chez, acusado del asesinato de un guardia civil, y el anarquista Salvador Puig, por el asesinato de un policía. Tras las anteriores ejecuciones hubo dos condenas a muerte a la misma persona por un doble asesinato. Se trataba de José Luis Cerveto, quien el 3 de mayo de 1974 asesinó a un matrimonio de la burguesía catalana. El mismo Cerveto decía lo siguiente ante la Audiencia de Barcelona: «maté para ser ejecutado y, para ello, busqué hacerlo con todas las agravantes». Sin embargo, se conmutó su pena por la de treinta años de reclusión mayor. Ante el indulto, manifestó lo siguiente: «me había hecho la ilusión de estar sentado en la silla del garrote»[17] y que «si no sirven para ejecutarme allá ustedes. Cuando salga de la cárcel volveré a matar y ese será su problema». Incluso escribió al Rey pidiendo ser ejecutado sin, obviamente, recibir respuesta. En 1987, tras cumplir trece años en prisión, quedó en libertad. No sabemos si volvió a matar, pero sí

---

[15] MARTI SORO, José. *La pena de muerte en los códigos penales españoles. Boletín del Ministerio de Justicia, núm. 921.* Ministerio de Justicia, 1972.

[16] PADILLA CASTILLO G. y REQUEIJO REY P., *La imagen del franquismo a través de la séptima arte: cine, Franco y posguerra. "El Verdugo": los primeros años del segundo franquismo y la pena de muerte* (pág. 88 y sig). Vision Libros, 2012.

[17] *Diario El País, 25 de septiembre de 1976.*

que volvió a ser detenido en 1988 por abusar de dos niños de once y trece años[18].

Las últimas ejecuciones realizadas en España no se produjeron mediante el garrote, sino por fusilamiento. Dadas la circunstancias de los delitos, fueron juzgados por la jurisdicción militar, que establecía como método de ejecución el fusilamiento en lugar del garrote. De esta manera fueron condenados varios miembros de ETA y FRAP por varios asesinatos; tras indultar y conmutar las penas de algunos presos, finalmente fueron cinco los fusilados el 27 de septiembre de 1975, fecha de la última ejecución de la pena capital en España.

Por otro lado, el garrote se exportó fuera de España a las colonias y territorios de ultramar, manteniéndose como medio de ejecución tras la independencia de la Madre Patria, como ocurrió en Filipinas, Puerto Rico o Bolivia. Asimismo, dicho sistema se utilizó en Portugal, aunque éste fue el primer país europeo en abolir la pena capital para todos los delitos en 1976. El garrote fue también el sistema utilizado en Andorra, aunque el último ejecutado fue fusilado el 18 de octubre de 1943 ante las dificultades de contratar un verdugo español que llevara a efecto la ejecución[19]. La pena de muerte fue definitivamente abolida para todos los delitos en Andorra en 1990.

---

[18] *La Vanguardia, 8 de octubre de 1995.*
[19] Op. cit. SUEIRO, Daniel (pág. 140).

HOGUERA

Es imposible saber desde cuándo se ha utilizado el fuego como medio de ejecución, pero cabe pensar que, desde el descubrimiento del mismo, éste ha sido utilizado no sólo para cocinar y calentarse, sino también para matar. La muerte causada por el fuego acaece por asfixia producida por la inhalación del intenso humo o por shock debido al dolor experimentado.

La primera referencia escrita sobre la utilización del fuego como medio de ejecución se encuentra en el Código de Hammurabi (s. XVIII a.C.). En dicha norma se establecía la pena de hoguera para los siguientes casos: cuando se declaraba un incendio y el que fuera a ayudar a apagarlo se quedara con algún objeto de la vivienda, éste era arrojado al mismo fuego que asoló la casa (ley 25); cuando una sacerdotisa que no residía en un convento abría una taberna o entraba por cerveza en ella, la sacerdotisa era quemada (ley 110)[1]; en los casos de incesto, cuando un hombre yacía con su madre tras morir su padre, eran quemados la madre y el hijo incestuoso (ley 157).

En la Biblia también aparece la pena del fuego para determinados delitos. En el Levítico se establecía para el caso en el que un hombre tuviera relaciones con una mujer y con la madre de ésta, siendo quemados los tres (Levítico 20, 14). También se recogía el fuego como pena en el Deuteronomio para los casos de las ciudades que apostataban y se daban a la idolatría, aunque en estos casos debía pasarse por la espada a los habitantes y matarse el ganado, incendiando posteriormente lo que quedara en pie de la ciudad (Deuteronomio, 13, 13-19).

---

[1] En estos casos, suele entenderse por «taberna» un lugar de prostitución. Cfr. JAMARILLO ANTILLÓN, Juan ¿El sexo débil de la mujer? (pág. 226). Unviersidad de Costa Rica, 1997.

En este caso los exégetas hebreos dicen que nunca llegó aplicarse a ninguna ciudad. En relación al castigo a una ciudad o comunidad completa podemos recordar la lluvia de azufre y fuego caída sobre Sodoma y Gomorra, aunque en este caso tenía origen divino en lugar de ser un castigo aplicado por los hombres (Génesis, 19). Los talmudistas consideraban la pena de hoguera como algo excepcional, aunque la previsión bíblica hizo que en la *Mishná* se detallara la forma de ejecución de la siguiente manera: el condenado era enterrado en tierra blanda hasta las rodillas, posteriormente se le envolvía el cuello en un paño duro a su vez envuelto en un paño blando para no herir el cuello, dos personas tiraban de las puntas del paño para forzar al condenado a abrir la boca, momento que se aprovechaba para vertir plomo derretido dentro de ésta hasta que muriera[2]. La *Mishná* determinó que también debían ser quemadas las hijas del *cohén* que cometía adulterio. Asimismo, la *Mishná* estableció que debían arder aquellos que hubieran cometido adulterio con su suegra, con su hija, con su nieta o con la hija o nieta de su esposa[3].

Una de las variantes más famosas de la hoguera fue el llamado "toro de Falaris". En este caso, los historiadores no han llegado a ponerse de acuerdo sobre si se trata de una leyenda, de una historia real o de ambos elementos entremezclados donde la historia se adornó y se exageró. El nombre del toro proviene del tirano Falaris, originario de Creta y gobernador de Agrigento (isla de Sicilia) en el siglo VI a.C. Se cuenta que el escultor ateniense Perilo presentó ante Falaris un toro hueco de bronce con capacidad suficiente para que cupiera dentro una persona. El aparato funcionaba de manera sencilla: bastaba con introducir al sujeto dentro del toro a través de una puerta que daba al interior de la

---

[2] Esta forma evitaba al condenado, supuestamente, el dolor de ser quemado vivo en la hoguera.

[3] Op. cit. GOLDSTEIN, Mateo (pág. 137-138).

escultura, una vez dentro se encendía una hoguera bajo la misma y el calor convertía al toro en un horno. Se dice que los gritos del individuo que se cocía dentro de la escultura sonaban como los bramidos de un toro debido a la oquedad. Tras presentar Perilo el invento al tirano, éste estaba tan deseoso de probarlo que, ante la inexistencia de ningún condenado cerca, mandó a sus hombres que introdujeran al escultor en el toro, falleciendo dentro de éste. A Faralis le gustó tanto el invento que la máquina se convirtió en el medio ordinario de ejecución de la ciudad. Se cuenta que un día, los ciudadanos de Agrigento, hartos de las injusticias, se sublevaron y mataron a Falaris, dividiéndose los testimonios entre los que dicen que lo mataron a pedradas y los que afirman que fue ejecutado dentro del toro que llevó su nombre[4].

En el caso de la antigua Roma, la hoguera era una pena excepcional prevista en las XII Tablas sólo para los incendiarios quienes, en primer lugar, debían ser apaleados y, posteriormente, arrojados al fuego[5]. Fuera de este caso, no había en Roma pena de hoguera hasta que el emperador Teodosio (347-395) dictó en el 390 que se les aplicara dicha pena a aquellos que «se han entregado a la infamia de condenar al cuerpo viril, transformado en femenil, a soportar prácticas reservadas al otro sexo», siendo quemados ante el pueblo[6]. Esta

---

[4] AYGUALS DE IZCO, Wenceslao. *El Panteón Unviersal* (pág. 267-268). Imprenta de Ayguals de Izco Hermanos, 1853. También en DE CASTRO Y SERRANO, José. *Animales célebres de todos los tiempos y de todos los países* (pág. 117-120). Librería de San Martín, 1858.

[5] MARCOS GUTIÉRREZ, José. *Práctica criminal de España, tomo III* (pág. 110). Imprenta de D. Fermín Villalpando, 1826.

[6] En aplicación de dicha norma se produjo la detención de un conocido cochero de Tesalónica por el comandante militar Buterico, de origen godo. El pueblo se levantó en armas pidiendo la liberación del cochero aunque se desconoce si el enfado era por el castigo o porque un "bárbaro" detentara el poder militar en la ciudad. Lincharon y mataron a Buterico y, en represalia, Teodosio organizó una fiesta en el circo, aprovechando que allí se congregaba el pueblo, para matar a 7.000 personas. Aunque se cuenta que Teodosio se arrepintió de la orden dada y mandó que no se realizara la matanza, la contraorden no llegó a tiempo. San Ambrosio, obispo de Milán, excomulgó al

previsión ha sido interpretada de forma distinta por los investigadores, dividiéndose entre aquellos que creen que se castigaba la homosexualidad en general, que sólo se penaba la homosexualidad pasiva, que se castigaba únicamente el travestismo, que la pena era para aquellos que emplearan a hombres o muchachos en los lupanares o bien que sólo castigaba a los hombres que se prostituían para mantener relaciones con otros hombres[7]. Con Teodosio II (401-450) ya quedó clara la condena a la hoguera, al menos para los homosexuales pasivos mediante un decreto del año 438. Siendo emperador Justiniano (482-565), la homosexualidad, ya fuera activa o pasiva, fue castigada con la castración y la hoguera.

La idea de aplicar el fuego para castigar los pecados *contra natura* se mantuvo en los siglos posteriores coexistiendo con la posibilidad de no ejecutarlos pero sí castrarlos[8]. Con el paso del tiempo, la hoguera comenzó a aplicarse para otros actos de contenido sexual, como el bestialismo[9]. También podemos recordar que, durante la Edad Media, la hoguera también se utilizó en algunos lugares para castigar los casos de adulterio, sobre todo, a las esposas adúlteras[10]. Asimismo, en la Edad Media se extendió el uso de la hoguera para los falsificadores de moneda, los sacrílegos, los herejes y los brujos o hechiceros.

---

emperador por su crueldad y no fue admitido de nuevo en la Iglesia hasta que hizo confesión y penitencia pública.

[7] CANTARELLA, Eva . *Segun natura* (pág. 229 y sig.) Ediciones Akal, 1991.

[8] En la península ibérica podemos recordar el Fuero Juzgo (s. XIII), que fue la legislación vigente durante la dominación goda. Sin embargo, otras normas fueron más duras, como el Fuero Real (s. XIII), normativa de algunas ciudades castellanas, que establecía que los homosexuales debían ser castrados públicamente y al tercer día debían ser colgados de los pies hasta que murieran sin ser nunca retirados del patíbulo.

[9] Op. cit. MARCOS GUTIÉRREZ, José (pág. 191).

[10] Cfr. DILLARD, Heath *La mujer en la Reconquista* (pág. 241) Editorial Nerea, 1993 (pág. 241); WIESNER, Merry E. *Women and Gender in Early Modern Europe* (pág. 297) Cambridge University Press, 2000.

La relación de la Inquisición con la hoguera ha hecho correr ríos de tinta en investigaciones científicas y literatura más o menos fantástica. Lo cierto es que la condena de hoguera fue incorporada a la legislación de varios reinos y ejecutada por la autoridad no religiosa antes de la existencia de la propia Inquisición[11]. El relato más antiguo de condena a la hoguera de un hereje data del reinado de Roberto II el Piadoso, rey de Francia entre 996 y 1031. En los años siguientes también se condenó a la hoguera a herejes y heterodoxos cristianos por parte de tribunales ordinarios, como ocurrió con los cátaros de Orleans en 1017[12]. Aunque los primeros tribunales religiosos, precedentes de la Inquisición, se dieron en Francia en el siglo XII, los tribunales inquisitoriales no nacieron de manera oficial hasta el siglo XIII en distintos lugares de Francia, extendiéndose posteriormente a Aragón, Castilla, Portugal y Roma. En sus orígenes, la pena de hoguera era impuesta pocas veces, aplicándola a herejes impenitentes o reincidentes[13]; pero, incluso en estos casos, el proceso inquisitorial se limitaba a determinar si había o no herejía y, si esta era muy grave, se entregaba el reo al brazo seglar para que éste ejecutara la pena de hoguera. Dicha ejecución se llevaba a cabo por la autoridad civil en los llamados autos de fe. El auto de fe solía desarrollarse en una plaza donde se montaba un amplio tablado que solía presentar el siguiente esquema: un anfiteatro donde estaban presentes los inquisidores junto a las autoridades civiles (miembros de los consejos o corporaciones, así como miembros distinguidos de la Corte o ciudad) y frente a éste, otro anfiteatro donde estaban encerrados los condenados. A éstos se les leía la sentencia y según el

---

[11] En la península ibérica encontramos, por ejemplo, que el Fuero Real la estableció para los cristianos que se convertían en moros o judíos o que lo hacían con sus hijos (Libro IV, Tít. I, ley I).

[12] GONZÁLES DE CALDAS, Victoria ¿Judíos o cristianos? El Proceso de Fe Sancta Inquisitio (pág. 362). Universidad de Sevilla, 2000.

[13] Op. cit. SPLENDIANI, Anna María (pág. 57).

delito cometido, les correspondía una u otra pena. La sentencia podía ser[14]:

- Absolutoria. En estos casos, la sentencia solía leerse en privado, no participando en el auto de fe.

- Abjuratoria. Se dictaba en aquellos casos en los que había indicios de culpabilidad, pero no había suficientes pruebas para demostrarla. En estos casos se distinguía, a su vez entre: abjuración *de levi*, para aquellos casos en los que los indicios eran leves; abjuración *de vehementi*, si los indicios eran graves; abjuración de vehementísimos indicios, si estos eran muy graves. En los casos de sentencia abjuratoria el reo era considerado un "penitenciado". La pena variaba según los casos: en la abjuración *de levi* podía quedar absuelto o imponerle una leve penitencia; en la abjuración *de vehementi* podía ser condenado a corto tiempo de prisión o a sufrir alguna penitencia; en el caso de la abjuración de vehementísimos indicios solía ser obligado a llevar un sambenito y podía ser condenado a prisión por un corto espacio de tiempo. A estas penas comunes, dependiendo del caso, se les podían añadir otras, como las pecuniarias o los azotes.

- De reconciliación. Era aquella sentencia en la que había pruebas de la culpabilidad del reo pero el tribunal lo declaraba reintegrado en el seno de la Iglesia y no era entregado al brazo seglar para su ejecución. Eso sí, en estos casos, además de abjurar de sus delitos, debía vestir un sambenito y le solían imponer penas pecuniarias (como la

---

[14] Cfr. EYMERICO, Nicolao. *Manual de inquisidores para uso de las Inquisiciones de España y Portugal.* Imprenta de Feliz Aviñón, 1821; BETHENCOURT, Franciso. *La Inquisición en la época moderna.* Ediciones Akal, 1997; op. cit. SPLENDIANI, Anna María.

confiscación de bienes), corporales (azotes) o privativas de libertad (prisión o galeras).

- De relajación. Era la sentencia más grave que podía dictarse, ya que se determinaba que el reo era culpable y, por la gravedad de los delitos, no podía ser reconciliado, así que era "relajado al brazo seglar". Todos los "relajados" llevaban un sambenito con doble aspa y llamas, por lo que eran fácilmente distinguibles sobre el tablado. Eran "relajados" los siguientes grupos: los relapsos (reincidentes) arrepentidos; los no relapsos pertinaces; los herejes pertinaces y relapsos; los herejes negativos (aquellos que negaban el delito a pesar de haber pruebas en su contra); los herejes rebeldes (aquellos que no habían podido ser aprehendidos). Todos los "relajados" eran condenados por herejía y entregados al brazo seglar para que los ejecutara mediante la hoguera. En algunos lugares, en virtud de pragmáticas reales o breves pontificios, los tribunales inquisitoriales también podían conocer de algunos delitos que, en circunstancias normales, corresponderían a los tribunales ordinarios, como el judaísmo, la brujería, la sodomía, el bestialismo, la usura, la blasfemia, etc.

En los autos de fe, el lugar donde se situaba el cadalso era el centro de la plaza, que era siempre la misma[15]; allí se colocaba un poste rodeado de madera, leña y paja. En aquellos casos en los que se estimara pertinente, se le ponía al condenado una mordaza para evitar que hablara o gritara antes o durante la ejecución; esta práctica era más común en los condenados por herejía, que aprovechaban sus últimos momentos para predicar o manifestar sus creencias religiosas. Aún en el

---

[15] Sólo se recuerda un caso en el que se consultó la posibilidad de quemar a tres leguas de distancia del lugar de costumbre a un condenado por sodomía en Valencia. Op. cit. MARQUEDA ABREU, Consuelo (pág. 195).

caso de que el sujeto fuera "relajado al brazo seglar" y, por tanto, condenado a la hoguera, aún tenía la oportunidad de salvarse de la quema si se arrepentía completamente de sus delitos, en estos casos era primero ejecutado mediante garrote y, posteriormente, arrojado su cadáver a la hoguera[16]. En aquellos casos en los que el "relajado" hubiera muerto antes de llegar a la hoguera o hubiera conseguido huir y se hallara prófugo, se quemaba en su lugar una estatua que le representaba[17]. La asistencia de público a los autos de fe era muy numerosa, de varios miles de personas, y los propios tribunales temieron más de una vez que la aglomeración pudiera desembocar en disturbios[18]. La mala fama de la Inquisición, especialmente del Tribunal del Santo Oficio de la Inquisición o Inquisición Española, se mantiene hasta hoy. Son muchos los que afirman que se trata de una leyenda negra alimentada por los ingleses y protestantes del centro de Europa, celosos de la monarquía más poderosa del momento que, además, era manifiestamente católica. En todo caso, por el tiempo transcurrido y a pesar de que los casos eran archivados y documentados, es imposible saber el número exacto de ejecutados y menos aún de condenados a la hoguera, así que hay numerosos estudios que varían desde los seiscientos hasta las decenas de miles. Es muy respetado un estudio, realizado por Gustav Hennigsen y Jaime Contreras, que analizaba el periodo más activo de la Inquisición en Castilla y Aragón, entre 1540 y 1700, determinando que el número de ejecutados fue de 1.346 (un 1,9 % de los procesados)[19]. El último ejecutado por la Inquisición española fue Cayetano Ripoll (1778-1826), acusado de herejía y ejecutado en julio de 1826 a pesar

---

[16] Al menos así ocurrió durante el siglo XVI según op. cit. SPLENDIANI, Anna María (pág. 53).

[17] Llamada "quema en efigie".

[18] Cfr. op. cit. MAQUEDA ABREU, Consuelo (pág. 420).

[19] Se desconocen con seguridad los datos anteriores a 1540, ya que la mayoría se basan en estimaciones subjetivas. En los años posteriores al 1700 los procesos y, sobre todo, las ejecuciones fueron muy escasos.

de que desde mitad del siglo XVIII la Inquisición apenas actuaba más que como censora de libros; en el caso de Ripoll la hoguera fue simbólica, ya que fue ahorcado sobre un barril con unas llamas pintadas[20].

Si hubo un lugar y época en el que las hogueras ardieron en mayor número y con más fuerza fue en el centro y norte de Europa entre los siglos XVI y XVII. Por un lado encontramos que, si en los países católicos se enviaba a la hoguera a los reformistas pertinaces, lo mismo se hacía en los países protestantes con los rebeldes católicos. En el contexto histórico-social de la época, la religión se convirtió en un instrumento de las distintas personas e instituciones que ocupaban el poder y, dado que el sentimiento nacional era incipiente o no había nacido, la unidad religiosa se consideraba fundamental para el orden social de manera que una transgresión de la ortodoxia religiosa se consideraba un delito contra la sociedad y el "estado". Una vez que los príncipes protestantes se alineaban con alguna de las posiciones reformistas, se actuaba no sólo contra los católicos, sino también contra los judíos y los cristianos de otras confesiones consideradas peligrosas. Hay varios ejemplos de las persecuciones de protestantes contra otras creencias que, en un principio, tenían el mismo origen reformista pero que acabaron distanciándose en algunos puntos irreconciliables; así ocurrió, por ejemplo, con los grupos anabaptistas o unitarios. Uno de los personajes que fue perseguido y condenado a la hoguera, incluso por dos veces, fue Miguel de Villanueva, más conocido como Miguel Servet (1511-1553). El conocido científico y teólogo fue condenado a la hoguera por un tribunal civil de Viena, pero esta condena sólo se pudo ejecutar mediante la quema "en efigie", ya que consiguió escapar de la cárcel; cinco meses más tarde fue apresado en Ginebra donde, a instancias de Calvino,

---

[20] MODESTO, Lafuente. *Historia general de España, desde los tiempos más remotos hasta nuestros días. Tomo XXVIII* (pág. 346-351). Imprenta del Banco Industrial y Mecantil, 1865.

fue juzgado y condenado a morir en la hoguera, sentencia que en este caso sí se ejecutó siendo Servet atado con cadenas a un poste con una soga al cuello donde ardió junto a una copia de su libro *Christianismi Restitutio,* considerado herético tanto en zona protestante como católica[21]. La persecución en los países centroeuropeos fue muy intensa respecto a la brujería. Es imposible determinar el número de personas, especialmente mujeres, que acabaron en la hoguera acusadas de brujería; aunque se dice que las regiones donde más brujas quemaron fue en Alemania y Suiza. Las estimaciones varían entre 50.000 y 200.000 víctimas por acusaciones de brujería. La última acusada de brujería que ardió en una hoguera fue en 1782, en la ciudad suiza de Glaris[22]. Sin embargo, aún hoy siguen quemándose a personas (sobre todo, mujeres) por "brujería" fuera del sistema penal institucional, por ejemplo, en Santa Bárbara (Colombia) una mujer fue quemada por varios vecinos acusada de brujería en agosto de 2012[23].

La hoguera no sólo ardió en la Europa de la Edad Media y la Edad Moderna para reprimir delitos relacionados en mayor o menor medida con la religión, sino que, como ya dijimos, se utilizó también para delitos "comunes", en especial para la traición y falsificación de moneda, considerados en la época delitos extremadamente graves. La ejecución por medio de la hoguera formó parte de los sistemas penales europeos hasta el siglo XIX. En Inglaterra, aunque la horca fue el sistema más común, también se utilizó la hoguera para

---

[21] Cfr. MARTÍNEZ FERNÁNDEZ, Primitivo, *La Inquisición, el lado oscuro de la Iglesia* (pág. 302-321), autoedición, 2008; LEÓN DE LA VEGA, Manuel, *Los protestantes y la espiritualidad evangélica en la España del siglo XVI. Tomo I* (453-485), atoedición; BARÓN FERNÁNDEZ, Miguel, *Miguel Servet (Miguel Serveto): su vida y su obra,* Espasa-Calpe, 1970.

[22] Mientras que en España y el resto de los países católicos se habla de una *judeomanía* primero y una *hereticomanía* después, en los países protestantes se habla de una *brujomanía.* GONZÁLES DE CALDAS, Victoria (pág., 546).

[23] *Diario El Mundo, 4 de septiembre de 2012.*

quemar brujas y castigar otros delitos: en 1726 fue quemada una mujer en Tyburn por asesinar a su marido y en 1783 se utilizó de nuevo la hoguera en Ipswich para quemar a otra mujer por el mismo motivo[24]; en 1786 se quemó a Phoebe Harris ante 20.000 personas por falsificación de moneda y en 1789 se ejecutó a Christian Murphy, otro falsificador de moneda[25]. En Inglaterra, la hoguera se mantuvo como medio de ejecución hasta 1790, fecha en la que se abolió[26]. La última noticia que tenemos de una ejecución por medio de la hoguera data de 1823 y se produjo en Alemania, concretamente en Berlín[27].

La hoguera, a pesar de su desaparición del sistema de penas del derecho penal moderno, ha seguido siendo utilizada de forma ajena al procedimiento legal establecido. Esto ocurrió en Casas-Viejas (Cádiz) en 1933, cuando se produjo un levantamiento anarquista en el pueblo y la guardia civil, junto a la guardia de asalto, al mando del capitán Manuel Rojas, decidió prender fuego a la choza en la que se escondía Seis Dedos con su familia y otros habitantes del pueblo; se ordenó, además, disparar a todo el que intentara escapar. El resultado del fuego fue que de los diez que allí se escondían, dos murieron por las balas dentro de la choza, otros dos fueron ametrallados al intentar huir del fuego y cuatro se quemaron dentro, sólo pudieron huir María Silva, La Libertaria, y Manuel García, de trece años, que era nieto de Seis Dedos[28]. En otras ocasiones

[24] Op. cit. Sueiro, Daniel (pág. 300).

[25] CANNON, John. A Dictionary of British History (pág. 158). Oxford University Press, 2009.

[26] HUNT, Lynn. Inventing Human Rights: A History (pág. 77). W. W. Norton & Company, 2008.

[27] JIMÉNES DE ASUA, Luis. Tratado de Derecho Penal. Volumen I. (pág. 315). Editorial Losada, 1950.

[28] Cfr. BREY, Gerard y GUTIÉRREZ MOLINA, José Luis. Los Sucesos de Casas Viejas en la historia, la literatura y la prensa (1933-2008). Diputación Provincial de Cádiz, 2010.

las hogueras han prendido en el curso de un linchamiento, mientras que en otro casos los conflictos bélicos han sido el escenario en el que personas han sido quemadas vivas mediante los procedimientos más rudimentarios o utilizando diversas armas, como los lanzallamas o las bombas cargadas con napalm. Uno de los últimos casos de ejecución mediante la hoguera sucedió en 2015 con el piloto jordano Muaz Kasasbeh por parte del autodenominado Estado Islámico. El piloto fue quemado vivo dentro de una jaula en aplicación de la *quisas*, ley islámica que supone la aplicación de la misma pena que el resultado provocado por la acción castigada; los integristas acusaron al piloto de arrojar bombas incendiarias y decidieron que éste debía de morir por el fuego. La cruel ejecución fue difundida por los terroristas a través de la televisión e Internet[29]. A esta ejecución siguieron otras producidas en Irak por los mismos autores y con el mismo medio, como la de cuarenta y tres personas (la mayoría policías iraquíes)[30] o la de veintiún kurdos[31], ambas en febrero de 2015.

---

[29] *BBC, 5 de febrero de 2015. http://www.bbc.com/news/world-middle-east-31129416*
[30] *Diario La Razón, 21 de febrero de 2015.*
[31] *Diario ABC, 21 de febrero de 2015.*

HORCA

La horca es un sistema que causa la muerte por rotura de la columna vertebral o, en el caso de que no se produzca ésta, por asfixia. Su importancia histórica hace que sea analizado en un capítulo distinto del de la asfixia.

Es difícil, por no decir imposible, determinar cuándo se utilizó por primera vez la horca como medio para quitar la vida a una persona. Originariamente suponía atar una cuerda al cuello de la víctima y realizar un nudo corredizo para, posteriormente, elevar el cuerpo o retirar el apoyo que tenía en los pies. Suele pensarse que el punto donde se apoyaba la cuerda y que servía para elevar la misma era un árbol y no sería hasta más tarde, en un momento indeterminado, cuando se comenzó a utilizar un instrumento de madera más o menos permanente. No se sabe si en un primer momento se utilizó un sistema de tres palos, dos de ellos clavados verticalmente y un tercero uniéndolos por arriba (Π), o un sistema de dos palos, uno vertical y otro sobresaliendo por su extremo superior (Γ) al que posteriormente se le añadiría un tercer travesaño en la escuadra para aumentar la seguridad. También en un momento sin concretar se comenzó a utilizar de manera generalizada la caída, de forma que se hacía más sencillo que el individuo cayera colgado del cuello sin que sus pies tocaran el suelo a tener que elevarlo a pulso desde el mismo; para cumplir esta función se introdujeron la escalera y la carreta. En el primer caso era el propio reo el que subía a una escalera que, de golpe, era retirada. En el supuesto de la carreta, el condenado se subía a la misma y ésta desaparecía bajo sus pies en el momento en el que el animal que arrastraba el carro se desplazaba hacia delante. Hasta esos momentos el suplicio antes de la muerte era más o menos largo, ya que el fallecimiento se producía por asfixia y ésta se podía prolongar en el tiempo por varios minutos. Para aligerar la muerte no era extraño que el verdugo se subiera a los hombros del ahorcado o se colgara de sus piernas a fin de que el peso aumentara la presión y muriera antes, incluso en algunos lugares era derecho de los familiares realizar tales prácticas para que la agonía fuera lo más breve posible. Algunos verdugos descubrieron que si pateaban la barriga del ahorcado mientras se mantenían sobre sus hombros a la vez que daba hasta cuatro vueltas a la cuerda la muerte era más rápida, aunque a veces la presión era tan alta que podía llegar a producirse una decapitación con caída estrepitosa del cadáver y del verdugo al suelo. A principios del siglo XIX se produjo la mayor innovación en el sistema de la horca al introducirse la trampilla o escotillón y aumentarse la longitud de la caída; de esta manera la muerte era, si el sistema funcionaba, mucho más rápida e indolora, ya que si bien el fallecimiento se seguía produciendo por asfixia, la dislocación de las vértebras cervicales causaban una perdida inmediata de consciencia que le impedían sentir dolor o sensación de ahogo. Posteriormente, se estudiaron distintas posibilidades en busca de un sistema perfecto, rápido e indoloro, destacando la relación que debía existir entre el peso del cuerpo y la longitud y grosor de la cuerda en una técnica que fue denominada por el profesor Haughton como la "larga caída". El sistema se perfeccionó aún más al determinarse que, de entre las distintas teorías sobre dónde colocar el nudo, la mejor era la de la "posición submental" frente a las posicines "occipital" y "subauricular". A fines del siglo XIX se inventó un dispositivo de cuero con una almohadilla que se situaba en la barbilla y que permitía a la soga mantenerse en posición submental. Desde finales del siglo XIX diversos forenses estudiaron el efecto del fuerte tirón y elongación del cuello determinando que se producía una dislocación de las vértebras con rotura de la médula espinal en la que fue llamada "fractura del ahorcado", término que acabó utilizándose para los efectos de algunos accidentes de circulación, aunque científicamente se prefiere utilizar el término de espondilolistesis traumática del axis para las fracturas del arco de C2[32].

Hasta que se perfeccionó la técnica de la horca con la "larga caída" la efectividad de la horca fue puesta en duda desde el principio, principalmente porque debido a la endeblez de la cuerda o al peso del condenado no eran raras las ocasiones en las que la cuerda se rompía. Cuando esto ocurría se discutía qué debía hacerse con el condenado y, aunque en la gran mayoría de los casos se volvía a ejecutar al reo hasta que la sentencia era cumplida plenamente, hay testimonios que relatan cómo el condenado era dejado en libertad al entenderse que se le condonaba a ser colgado con independencia del resultado o que si la cuerda se rompía era por intervención divina. En algunos casos, era la propia muchedumbre la que ayudaba a la fuga del reo, como el caso ocurrido en Valladolid el 2 de julio de 1592 cuando un condenado a la horca por robar un cáliz de plata para «comprar un hábito de San Francisco, cayó con la soga la horca abajo juntamente con el verdugo en tierra (…) y hubo un gran alboroto, gritando unos a favor de la justicia y otros a la iglesia; y como los frailes de san Francisco se estremeciesen más que otros, sacaron al sentenciado a salvo, escondiéndole en su convento, cerrando luego sus puertas, que la justicia hizo romper para buscar todo el monasterio, empero no fue hallado». Por este motivo fue condenado a galeras el verdugo junto a muchos estudiantes que ayudaron a la fuga e incluso uno de los estudiantes que prestó su espada para cortar la soga fue ahorcado[33]. En Inglaterra, la propia *Royal Commission on Capital Punishment*, reunida entre 1949 y 1953 para estudiar la posibilidad de la abolición de la pena capital y el medio a utilizar si la pena se mantenía, se pronunció a

---

[32] GONZÁLEZ VALCÁRCEL, Ivón y ROIG FABRÉ, Esteban. *Fractura del ahorcado. Antecedentes históricos. Rev Cubana Cir 2002;41(1):5-10.*

[33] COCK, Enrique. *Jornada de Tarazona hecha por Felipe II en 1592.* Imprenta y Fundición de M. Tello, 1879.

favor del mantenimiento de la horca por ser el método «más seguro, no doloroso, simple y eficaz».

Entre los testimonios escritos más antiguos sobre la utilización de la horca se encuentra la Biblia, en la que aparece como medio conocido por los antiguos egipcios (Génesis 40, 19-22). Entre los hebreros, aunque la asfixia por estrangulamiento era recogida por las leyes judías[34], la horca se preveía como medio de exposición pública del condenado más que como medio de ejecución. Sí se establecía que se colgara de un árbol el cuerpo del hombre lapidado una vez fallecido; sin embargo, no podía quedarse colgado por la noche porque para los judíos «un colgado es una maldición de Dios», debiendo enterrarse en el mismo día para evitar que se hiciera «impura la tierra» (Dt. 20, 21-22). El Talmud preveía que sólo fuera colgado y expuesto al público el cadáver del hombre, no el de la mujer[35]. Según el Libro de Ester, los persas también llegaron a utilizar la horca; en dicho libro se cuenta cómo Amán, ministro del rey Asuero (identificado como Jerjes el Grande, rey de Persia entre el 485 y el 465 a.C.), ordenó construir una horca de cincuenta codos de altura para ahorcar en ella al judío Mardoqueo, aunque finalmente fueron Amán y sus diez hijos los que acabaron colgados de la misma (Est. 5-9).

En la Grecia antigua se conocía la horca aunque siguiendo el estudio de Eva Cantarella, ésta «no formaba parte de los suplicios de Estado», sino que era, sobre todo, una forma de ejecución privada realizada sobre las mujeres en el ámbito del hogar[36], especialmente si hablamos de esclavas. En *La Odisea*, escrita entre el siglo VIII y VII a. C., se cuenta cómo ordenaron matar a unas esclavas que mantenían relaciones con sus pretendientes por la vergüenza y oprobio que hicieron

---

[34] Más información en el capítulo dedicado a la "asfixia".

[35] Op. cit. GOLDSTEIN, Mateo (pág. 233).

[36] Cfr. op. cit. CANTARELLA, Eva (pág. 24).

pasar a sus amos. Telémaco dijo que no quería «privar de la vida con una muerte honrosa» a las esclavas y eligió la horca, ya que era una muerte deshonrosa para los griegos. Para ello, «las ataron, que luego tendieron entre una columna y uno de los pabellones (...) y de modo que no tocaran al suelo los pies de las colgadas (...) que hicieron su muerte más deplorable y breve, pues tan sólo sus pies se agitaron un momento»[37]. Queda claro, por lo expuesto, que la horca era considerada una forma deshonrosa de morir. También tenemos el testimonio de Diógenes Laercio (s. III), que contaba cómo el filósofo cínico Diógenes en el siglo IV a. C. vio un olivo donde habían colgado a varias muchachas y deseó colgar «frutos similares» de todos los árboles[38]. La muerte por horca era en el mundo clásico una muerte impura, quizás porque muchos creían que el alma permanecía en el aliento y, al ser asfixiado, ésta quedaba atrapada dentro del cuerpo[39]. Sin embargo, no debía de ser extraño el suicidio mediante la horca, por ejemplo, Plutarco dice que al *barathron* se arrojaban no sólo los condenados a muerte, sino también los cuerpos de los ahorcados junto con las cuerdas o mantos que habían utilizado para quitarse la vida[40].

Como testimonio de las costumbres vigentes entre los antiguos pueblos germánicos se encuentra la valiosa obra de Tácito titulada *De origine et situ Germanorum*. En ésta se cuenta que los germanos colgaban de los árboles a los traidores y desertores[41].

En Roma la horca no tuvo importancia hasta que el emperador Constantino (272-337) abolió la pena de

---

[37] *La Odisea. Canto 446.*

[38] DIÓGENES LAERCIO, 6, 2, 52 citado en op. cit. CANTARELLA, Eva (pág. 21-22).

[39] Cfr. op. cit. CANTARELLA, Eva (pág. 186).

[40] Cfr. op. cit. CANTARELLA, Eva (pág. 185-187).

[41] VV.AA. *Revue internationale des droits de l'antiquité, Volumen 41* (pág. 28). Office international de librairie, 1994.

crucifixión a principios del siglo IV sustituyéndola por la horca (*furca*). Sin embargo, el término *furca* no era sinónimo de horca en un principio, ya que originariamente significaba "madero bifurcado" (con forma de "Y" o "V"). Precisamente, debido a su forma, con el nombre de *furca* era denominado el lugar donde se encajaban las limoneras de los carros o el extremo del timón de los mismos[42]. En el caso que aquí analizamos, a este "madero bifurcado" era atado el reo y obligado a pasear con él a cuestas mientras era flagelado. Este paseo era un castigo propio de esclavos, usándose la palabra *furcifer* como insulto entre los siervos[43]. Dicho paseo podía terminar en el lugar donde finalmente era ejecutado según la modalidad determinada por la costumbre o por la ley[44]; éste es el motivo por el que, según autores contemporáneos, en ocasiones la *furca* era confundida con el *patibulum* de la crucifixión, como manifestó San Isidoro[45]. *Sería* en la época tardo imperial cuando la *furca* pasaría a convertirse en el instrumento similar a la horca tal y como la conocemos en la actualidad. También debemos hacer referencia al *arbor infelix,* dividiéndose los investigadores entre los que entienden que la expresión «se le suspenda del árbol infeliz *(infelici arbori reste suspendito)*» suponía la condena a la cruz, los que creen que es una condena a la horca y los que opinan que es una condena distinta a las anteriores[46]. Como ya expusimos, fue con el emperador Constantino cuando la horca (*furca*) pasó a convertirse en el medio principal de ejecución en Roma, heredado por los distintos pueblos occidentales como uno de las formas preferidas de aplicación de la pena de muerte.

---

[42] MARCOS CASQUERO, Manuel-Antonio. *Plutarco. Cuestiones Romanas. Edición de Manuel-Marcos Antonio Casquero* (pág. 366).

[43] PLUTARCO en varias obras citadas por MARCOS CASQUERO, Manuel-Antonio en op. cit.

[44] Op. Cit. CANTARELLA, Eva (pág. 190).

[45] San Isidoro diría en *Orig.* 5, 27, 45, L que a a la *furca* se le denominaba vulgarmente «*patibulum* (...) casi indicando que tiene la cabeza».

[46] Cfr. op. cit. CANTARELLA, Eva (pág. 165 y sig.).

Durante la Edad Media y la Edad Moderna, la horca fue el principal medio de ejecución utilizado en Europa por su facilidad de preparación y uso (con un árbol y una cuerda era suficiente). Las primeras leyes escritas recogieron la horca como uno de los modos de ejecutar la pena capital; por ejemplo, Las Siete Partidas (s. XIII) en el caso de Castilla[47].

Si hubo un país donde la horca se convirtió en toda una institución fue en Inglaterra. Se desconoce el momento en el que la horca acabó por convertirse en el medio preferido de ejecución en este país, aunque se señala el siglo V, con la llegada de los anglosajones, el momento de la introducción de la horca en las islas británicas. Hasta tal punto se extendió el uso de la horca que Londres fue llamada por un escritor inglés del siglo dieciocho como «The City of the Gallows» («La Ciudad de las Horcas»), manifestando cómo en cada esquina había un ahorcado[48]. Muchos lugares de Inglaterra han quedado marcados como lugares habituales de ejecución, siendo el más conocido el "árbol de Tyburn" (Tyburn tree). En Tyburn se realizaron ejecuciones desde fines del siglo XII hasta finales del XVIII y, aunque en un principio se utilizaron los árboles de la zona, en 1571 se construyó una horca permanente formada por tres palos que formaban un triángulo (razón por la que también fue llamado Triple Tree) en el que podían ser ahorcadas hasta veinticuatro personas al mismo tiempo[49]. Dicha horca fue sustituida por una horca movible en 1759[50] que siguió cumpliendo su función hasta 1783, año en el que se realizó la última ejecución en dicho lugar. Se estima

---

[47] Las Siete Partidas, ley sexta, tit., XXXI.

[48] PETTIFER, Ernest W. Punishments of former days (pág. 83) Waterside Press, 1992.

[49] INWOOD, Stephen. Historic London: an explorer's companion (pág. 290). Pan Macmillan, 2008.

[50] PETTIFER, Ernest W. Punishments of former days (pág. 89). Waterside Press, 1992.

que en Tyburn fueron ejecutadas hasta 50.000 personas durante los seiscientos años en los que estuvo funcionado como lugar de ejecución[51]. Los llamados "días de horca" eran muy frecuentes, ya que la legislación inglesa recogía la pena de muerte para numerosos delitos. Por ejemplo, la legislación criminal inglesa del siglo XIX era conocida como el "código sangriento", al establecer más de doscientos delitos que eran castigados con la pena de muerte[52], como asociarse con gitanos o robar nabos[53]. Los jueces no solían dudar en dictar sentencias de pena de muerte, siendo el más conocido sir Horace Avory (1851-1935), conocido como "juez horca" por la ingente cantidad de condenas a la horca que dictó durante su carrera[54]. El día de la ejecución se hacía coincidir con un día festivo o bien se convertía en fiesta el día en el que iba a realizarse para que pudiera ser presenciado por el mayor número de personas posible[55]. Antes de la ejecución, los asistentes al "espectáculo" acudían al lugar señalado a primera hora con el objeto de colocarse cerca del patíbulo. La afluencia de público se hizo más que notable durante el siglo XIX, recordándose dos casos de manera especial: por un lado, la ejecución del banquero Henry Fauntleroy, ahorcado en 1824 por fraude, a la que acudieron unas 100.000 personas[56]; por otro lado, las ejecuciones de John Holloway y Owen Haggerty, acusados de asesinato y ahorcados el 23 de febrero de 1807, en cuyo acto

---

[51] En el lugar en el que estuvo la horca de Tyburn hay una placa que recuerda la muerte de 105 católicos ejecutados durante la persecución religiosa producida en Inglaterra. Además, el lugar donde estuvo la horca de Tyburn es destino de visita turística en la actualidad y aparece en muchas guías de viajes de la ciudad de Londres, por ejemplo, en BAMBER, Judith y HUMPHREYS, Rob. *The rough guide to London* (pág. 286). Rough Guides, 2003.

[52] BASAVE FERNÁNDEZ DEL VALLE, Agustín. *Meditación sobre la pena de muerte* (pág. 139). Fondo de Cultura Económica, 1997.

[53] OLIVER OLMO, Pedro. *La pena de muerte en España* (pag. 33). Editorial Síntesis, 2008.

[54] Cfr. LANG, Grodon. *Mr. Justice Avory*. Jenkins, 1935.

[55] SUEIRO, Daniel. *El arte de matar* (pág. 592) Altaguara, 1968.

[56] VV.AA. *The London Encyclopaedia* (pág. 282).Pan Macmillan, 2011.

estuvieron presentes más de 40.000 personas en las que, por causas desconocidas, cundió el pánico y se provocó una avalancha que dejó treinta muertos y un gran número de heridos[57]. El 26 de mayo de 1868 se realizó la última ejecución en público en las afueras de la prisión de Newgate (heredera de Tyburn como lugar preferido de ejecución). A partir de ese momento, tras una recomendación de la Cámara de los Lores y de la Comisión Real que motivaron la aprobación del *Capital Punishment Amendement* por el Parlamento, las ejecuciones pasaron a realizarse en los patios de las prisiones sin la presencia de público[58]. En la Inglaterra del siglo XIX también fueron muy conocidas las prerrogativas otorgadas a los condenados a la horca en el día previo a la ejecución, ya que les era permitida la visita de casi todas las personas que quisieran (familiares, amigos e incluso prostitutas), comer copiosamente, beber alcohol y, en definitiva, disfrutar de una fiesta llena de excesos[59]. Esta forma de ejecución de la pena capital en Inglaterra (y en el resto del Reino Unido) se mantuvo hasta la abolición de la pena de muerte en 1965 para los delitos civiles en el caso de Inglaterra (también en Gales y Escocia), manteniéndose hasta 1998 en algunos delitos militares. Los últimos ahorcamientos realizados en el Reino Unido se produjeron el 13 de agosto de 1964 a la misma hora, las ocho de la mañana, cuando fueron ahorcadas dos personas, una en Manchester y otra en Liverpool[60].

Otro país en el que también se utilizó la horca de manera muy generosa fue en los Estados Unidos, quizás

---

[57] BLEAKLEY, Horacle. *Hangmen on England* (pág. 142). Taylor & Francis, 1976.
[58] Op. cit. SUEIRO, Daniel (pág. 332).
[59] Cfr. CALÓN CUELLO, Eugenio. *La moderna penología. Tomo I* (pág. 143). Bosch, 1958. Durante la Edad Moderna y Contemporánea era importante para el reo «que muera limpio, que muera contento, que muera al menos harto» según op cit. SUEIRO, Daniel (pág. 350).
[60] Cfr. BLOCK, Brian P. y HOSTETTLER, John. *Hanging in the Balance* (pág. 11-17).Waterside Press, 1997.

por la tradición anglosajona heredada de los colonos. La horca, además de ser el medio de ejecución establecido por las leyes, formó parte de los linchamientos clandestinos y de la justicia aplicada libremente en el Salvaje Oeste. A lo largo del siglo XX, en los diversos estados que conforman los Estados Unidos de Norteamérica fueron sustituyendo la horca por la silla eléctrica, la cámara de gas o, más actualmente, por la inyección letal. En la actualidad, sólo los estados de Washington y New Hampshire mantienen la horca, coexistiendo con la inyección letal. El último ahorcado en los Estados Unidos fue Bill Bailey, condenado por asesinato y ejecutado el 25 de enero de 1996 tras rechazar la inyección letal y preferir la horca[61].

En España la pena de horca fue muy utilizada durante la Edad Media y recogida en las normas escritas de la época. En Las Siete Partidas era una de las posibles formas de ejecución, mientras que en los casos previstos por los fueros locales de la Edad Media la horca era el medio de ejecución utilizado en el caso de que la normativa real no estableciera otro distinto según el Ordenamiento de Cortes de Alcalá de Henares de 1348. Sin embargo, la legislación no solía prever el modo de ejecución, utilizando la expresión «en la forma ordinaria» que suponía una remisión a la costumbre del lugar. Fue precisamente la costumbre la que hizo que la horca fuera la forma común de ejecución hasta el siglo XVIII. La Novísima Recopilación de las leyes de España (1806) sí recoge algunos casos en los que se menciona la horca como forma expresa de ejecución, por ejemplo, para el que mataba a otro a traición o con alevosía[62]. Como ya expusimos más detenidamente en el capítulo dedicado al garrote, a principios del siglo XIX se discutió la sustitución de la horca por el garrote, adoptándose este último como

---

[61] O'SHEA, Kathleen A. *Women and Death Penalty in the United States: 1900-1998* (pág. 7). Greenwood Publishing Group, 1999.
[62] *Novísima Recopilación de las Leyes de España, Libro XII, Tít. XXI, n°2.*

forma única de ejecución mediante real decreto de 24 de abril de 1832 quedando, por tanto, abolida la horca.

De manera institucionalizada, la horca se utilizó como medio de ejecución en multitud de países. En Francia se usó hasta 1790, cuando se sustituyó por la guillotina. En los Países Bajos, desde 1813, el condenado podía elegir entre la horca y la decapitación mediante espada, aunque entre 1854 y 1870 (fecha de abolición de la pena de muerte para los delitos comunes) la horca fue el único medio de ejecución. En Austria era la única forma de ejecución hasta la abolición de la pena capital para los delitos comunes en 1950 (la abolición para todos los delitos se produjo en 1968). En Canadá fue el método do ejecución hasta la abolición de la pena de muerte en 1976, aunque coexistió con el fusilamiento en el ámbito militar hasta su abolición total en 1998. La lista de los países en los que la horca sigue siendo el único o principal medio de ejecución es larga, pero podemos citar los siguientes: Japón, Egipto, Irán, Iraq, Pakistán, Afganistán, Singapur, Botsuana, Sudán, ...[63]

---

[63] Cfr. op. cit. SUEIRO, Daniel (pág. 74-76). Hay una constante actualización de los países en los que la pena de muerte sigue vigente o es abolida en http://www.es.amnesty.org/temas/pena-de-muerte/mapa-de-la-abolición.

INYECCIÓN LETAL

La inyección letal consiste en la introducción «por vía intravenosa y de manera continuada, de una cantidad letal de barbitúrico de acción rápida unido a un producto químico paralizante[1]». El procedimiento de aplicación de la inyección letal suele seguir los siguientes pasos:

- El reo es atado a una camilla dentro de una cámara mortuoria cuyo interior es visible por los testigos de la ejecución a través de una ventana.
- Se le inocula una solución salina que facilita la circulación sanguínea.
- Se le suministra pentotal sódico, un barbitúrico que causa inconsciencia.
- A los veinte o treinta segundos de la anterior aplicación se le inyecta bromuro de pancuronio, un miorrelajante muscular que anula la capacidad de contraer los músculos estriados o voluntarios. Dicho miorrelajante no afecta al corazón, que es un músculo liso e involuntario, pero sí a los músculos intercostales, impidiendo la respiración.
- Por último, le es inoculado cloruro de potasio, que paraliza el corazón y provoca la muerte del sujeto por paro cardíaco.

Normalmente, entre tres o cinco minutos después de ser inoculadas las sustancias químicas el sujeto deja de moverse completamente, siendo certificada la muerte a los quince minutos aproximadamente. Se ha discutido mucho sobre si el sujeto sufre o no con la administración de la inyección letal. Supuestamente, el pentotal sódico inhibe toda capacidad de sentir, pero no siempre ha ocurrido así. En ocasiones, debido a alguna enfermedad,

---

[1] *Error capital: la pena de muerte frente a los derechos humanos* (pág. 91). Amnistía Internacional, 1999.

las sustancias químicas no se metabolizan de manera habitual, tal y como sucedió con Ángel Nieves Díaz, ejecutado en Florida en 2006 por un asesinato cometido en 1979, que padecía una enfermedad en el hígado que le impidió metabolizar con rapidez las sustancias inoculadas, tardando treinta y cuatro minutos en morir con gran sufrimiento[2]. En otras ocasiones, son los problemas técnicos los que hacen que la agonía se prolongue, como ocurrió en Texas en 1984, cuando James Autry tardó diez minutos en morir debido a que «tal vez la aguja del catéter se había obstruido, haciendo que el proceso fuera más lento[3]». Otras veces, las características físicas del sujeto son las que provocan no que la muerte sea lenta, sino que el procedimiento se alargue en el tiempo debido a la dificultad para encontrar una vía adecuada donde insertar la aguja[4]; esto puede estar motivado porque muchos individuos tienen largos antecedentes de consumo de estupefacientes por vía intravenosa que han provocado que las venas se hayan endurecido. En ocasiones, es el forcejeo del condenado el que dificulta la colocación de la vía[5]. También hay estudios que sostienen la posibilidad de que el pentotal sódico no cause una inconsciencia total y que el cloruro de potasio no sea suficiente para provocar el paro cardíaco, causándose la muerte por asfixia debido a la acción del bromuro de pancuronio, existiendo la posibilidad de que pueda sentir la agonía al no estar plenamente inconsciente[6].

Debido a la presión social, la única farmacéutica estadounidense que fabricaba pentotal sódico dejó de

---

[2] Diario El País, 14 de diciembre de 2006.

[3] Newsweek, 9 de abril de 1984 citado en op. cit. Error capital: la pena de muerte frente a los derechos humanos.

[4] Por ejemplo, la ejecución de Michael Elkins en Carolina del Sur, en 1997, se prolongó durante cuarenta minutos y al final se le tuvo que poner la aguja en el cuello, ya que fue imposible hacerlo en brazos, piernas o pies.

[5] Op. cit. Error capital: la pena de muerte frente a los derechos humanos.

[6] VV.AA. Lethal Inyection for Execution: Chemical Asphyxiation?. Plos Medicine, 2007.

producirla en el año 2011. Esto ha motivado que varios estados hayan buscado un sustituto de dicha sustancia. En Missorui, Texas, Idaho, Oklahoma, Arizona y otros estados se ha cambiado el cóctel de tres sustancias que tradicionalmente constituían la inyección letal por una sola inyección de pentobarbital. Sin embargo, la única compañía que distribuye pentobarbital en los Estados Unidos ha pedido a las autoridades que no utilicen dicha sustancia en las ejecuciones, por lo que los estados siguen buscando alternativas químicas. En Oklahoma se ha utilizado midalozam para la sedación, pero su eficacia ha sido puesta en duda cuando en abril de 2014 el condenado Clayton Locket sufrió convulsiones durante cuarenta y tres minutos hasta que falleció de un ataque al corazón[7]. Las autoridades concluyeron que lo ocurrido se debió a una mala inserción intravenosa[8]. El estado de Arizona usó una combinación de hidromorfina y midalozam en la ejecución de Joseph Rudolf Wood en julio de 2014. Éste, tras serle inyectada la dosis, pareció quedar inconsciente a los cuatro minutos, pero a los once minutos comenzó a jadear y se le llegaron a suministrar hasta quince dosis de la sustancia letal. Wood siguió jadeando durante una hora y veintiocho minutos hasta que falleció[9].

La primera regulación oficial del asesinato por inyección letal se produjo en la Alemania nazi. Una circular del Ministerio del Interior de 18 de agosto de 1939 ordenaba ejecutar con una inyección que combinaba morfina y escopolamina a todos los recién nacidos que presentaran malformaciones. En octubre de 1939 se inició el programa *Aktion t4*, programa de eugenesia y eutanasia. La llamada "eugenesia" se aplicaba a los enfermos mentales y a los minusválidos físicos o psíquicos; todos ellos debían ser eliminados o

---

[7] *Diario El Mundo, 30 de abril de 2014.*
[8] *Diario El País, 4 de septiembre de 2014.*
[9] *Diario El Mundo, 24 de julio de 2014.*

esterilizados[10]. Por otro lado, la "eutanasia" se aplicaba a los enfermos incurables. Para llevar a cabo las ejecuciones se utilizaba la inyección letal o la cámara de gas. La *Aktion t4* cesó en 1941 para evitar un conflicto social ante la oposición de algunos grupos sociales y religiosos, siendo muy recordada la carta pastoral de Clemens August Graf von Galen (1878-1946), obispo de Münster y recordado opositor a las distintas medidas nazis[11]. A pesar de derogarse oficialmente la *Aktion t4* en 1941, en los años posteriores, y hasta el fin de la Segunda Guerra Mundial, se siguió ejecutando en los campos de concentración de forma no pública, primero a los enfermos incurables y los minusválidos físicos y psíquicos, para posteriormente hacerlo de forma generalizada, especialmente por motivos raciales (el conocido Holocausto). En estos últimos casos se utilizó, principalmente, el sistema de cámara de gas[12], aunque la inyección letal también fue utilizada, ya fuera intravenosa o mediante una inyección de fenol directa al corazón[13].

Una vez finalizada la Segunda Guerra Mundial, en la mayoría de países occidentales se discutió sobre la necesidad de establecer un sistema de ejecución menos doloroso e inhumano. Muchos encontraron la respuesta en la inyección letal, versión contemporánea de la "muerte dulce" de la cicuta griega. El Reino Unido fue uno

---

[10] La enfermedad mental comprendía la «debilidad mental, la esquizofrenia, la psicosis maníaco depresiva, la epilepsia, enfermedad de Huntington, la ceguera y sordera de origen genético y el alcoholismo grave». La apreciación de dichos problemas o enfermedades fue muy laxa en multitud de supuestos, permitiendo la aplicación del programa a una persona que sufriera un simple ataque de nervios.

[11] Su conocida pastoral concluía diciendo que «como alemán y como ciudadano decente, exijo Justicia para el indefenso».

[12] Cfr. ALY, Gotz, *"Aktion T4": 1939-1945; die "Euthanasie"-Zentrale in der Tiergartenstraße 4,* Hentrich Druck, 1987; BENSOUSSAN, Georges, *Historia de la Shoa* (pág. 57 y sig.), Anthropos Editorial, 2005. JIMÉNEZ HERRANZ, María Dolores, *Instrucciones previas. El derecho a la autodeterminación del paciente terminal. Tomo VI. Biomedicina y Derecho Sanitario* (pág. 488), ADEMAS Comunicación, S.L.

[13] Cfr. *Proceso, Números 661-673* (PÁG. 51). CISA, 1989.

de los primeros lugares donde se estudió, por primera vez y de manera seria, la posibilidad de sustituir los medios tradicionales de ejecución por la inyección letal; sin embargo, La *Royal Comission on Capital Punishment* determinó en 1953 que debían rechazarse todos aquellos sistemas que requirieran «los servicios de personal médico, ya sea en la realización del proceso efectivo de la muerte o en la instrucción a otros en la técnica del proceso[14]». Fue en Estados Unidos, en el estado de Oklahoma, donde se aprobó por primera vez el uso de la inyección letal como medio de ejecución en el año 1977 (aunque no fue hasta 1982 en el estado de Texas cuando se ejecutó a la primera persona por este sistema)[15]. Actualmente, la inyección letal es el medio de ejecución utilizado en todos los estados de los Estados Unidos de Norteamérica donde está vigente la pena de muerte, aunque en Washington y New Hampshire coexisten la inyección letal y la horca, mientras que en Oklahoma la inyección letal es el método principal, manteniéndose como secundario el fusilamiento. La inyección letal es también el medio de ejecución utilizado en Guatemala, Taiwán y Filipinas. Desde el año 2003, la inyección letal sustituye al fusilamiento en Tailandia al entenderse que «permite morir a los condenados a muerte en paz y con menos dolor[16]». En China coexisten la inyección letal y el tiro en la nuca, utilizándose más frecuentemente este último método como ya expusimos al tratar el capítulo del fusilamiento. En Vietnam se acordó en julio de 2011 la sustitución del fusilamiento por la inyección letal, pero la falta de las sustancias químicas apropiadas provocó sucesivas moratorias de su entrada en vigor, por lo que siguió utilizándose el fusilamiento hasta el 6 de julio de

---

[14] *Royal Comission on Capital Punishment*, 1953. Citado en op. cit. BRYANT, Clifton D. (pág. 364).

[15] CONQUERGOOD, Dwight. *Lethal Theatre: Performance, Punishment, and the Death Penalty. The SAGE Handbook of Performance Studies* (pág. 482). SAGE, 2006.

[16] Según declaraciones de Natthee Jitsawang, que entonces era subdirector del Departamento Correccional. *Diario El Mundo, 8 de septiembre de 2003.*

2013, día en el que se produjo la primera ejecución en Vietnam por medio de la inyección letal.

LAPIDACIÓN

La lapidación consiste, simplemente, en la muerte a pedradas. Es uno de los métodos más sencillos y primitivos puesto que no es necesaria ninguna herramienta, sino que basta con cualquier piedra que esté al alcance. Ha sido, en diversos pueblos y épocas, la forma común de ajusticiamiento por parte de la masa, sin necesidad de legitimidad del poder civil; aunque en muchas ocasiones ha aparecido de forma institucionalizada.

En la propia Biblia aparece la pena de lapidación para varios casos: blasfemia (Levítico 24, 13-16), espiritismo o adivinación (Levítico 20, 27), idolatría (Deuteronomio 17, 2-5), mujer que se casa sin ser virgen (Deuteronomio 22, 20-21), mujer prometida a un hombre que se acuesta con otro[1], (Deuteronomio 22, 23-24), hijo rebelde con el padre (Deuteronomio 21, 18-21). Precisamente, san Esteban, considerado el primer mártir cristiano (siglo I), fue lapidado por blasfemia por los judíos de Jerusalén (Hechos, 7).

En la Grecia y Roma clásica también hay testimonios de lapidaciones practicadas por el pueblo, sin juicio previo, en casos de linchamiento por la masa enfurecida. Es muy conocida en la literatura clásica la lapidación del poeta trágico Melitos (también conocido como Meletos), acusador de Sócrates, en el siglo V a.C.[2]

En Castilla, Alfonso X el Sabio prohibió expresamente la lapidación en *Las Siete Partidas* (siglo XIII), de manera que estaba prohibido ejecutar la pena de

---

[1] En este caso eran lapidados ambos.
[2] GÓMEZ GARCÍA, Manuel. *Diccionario Akal de Teatro* (pág. 539). Ediciones AKAL, 1998.

muerte apedreando, crucificando o despeñando al reo[3]. Sin embargo, como excepción, se establecía que sería apedreado el moro que yaciese con mujer cristiana, ya fuese virgen, viuda o casada[4].

Relacionado con la piedras, pero utilizadas de manera distinta fue la denominada *pena forte e dura*, establecida como sustitución de la condena a morir de hambre en Europa. En dicha forma de ejecución se colocaba sobre el pecho del condenado pesos de piedra o hierro que se incrementaban hasta romper el esternón y la columna, aplastando el corazón, pulmones y demás órganos vitales[5].

Actualmente, la lapidación se utiliza en los países islámicos a pesar de que el Corán nunca la menciona, aunque los islamistas que la defienden dicen que se fundamenta en la *sunna*. La *sunna* es la práctica, costumbre y modo de vida que transmitió el profeta Mahoma[6]; ésta, junto al Corán, constituye parte del Islam. También hay musulmanes que niegan que la lapidación encuentre fundamento en la *sunna* y, por tanto, son contrarios a la misma. Sin embargo, es frecuente en los países islámicos radicales que exista la pena de lapidación en sus códigos penales para los hombres y mujeres adúlteros. En Irán, el artículo 104 del Código Penal dispone, en relación con la pena por adulterio, que deben utilizarse piedras «no tan grandes como para matar a la persona de uno o dos golpes ni tan pequeñas como para no poder considerarlas piedras». Estas previsiones ocasionan que la muerte sea lenta y dolorosa. Es frecuente en los países islámicos donde existe tal pena que los hombres sean enterrados hasta la cintura y a las mujeres hasta el pecho; la diferencia es

---

[3] *Las Siete Partidas, ley sexta, tit., XXXI.*

[4] *Las Siete Partidas, ley séptima, tit., XXV.*

[5] Op. cit. SUEIRO, Daniel (pág. 235).

[6] ALUBUDI, Jassim. *Introducción al Islam* (pág. 169 y ss.). Editorial Visión Libros, 2004.

importante, ya que si la condena se impone tras una confesión, aquel que logra escapar del agujero con vida queda libre y no puede ser condenado a muerte de nuevo; evidentemente, los hombres al tener medio cuerpo fuera, los brazos libres y mayor fuerza física, pueden escaparse con más facilidad. El mayor valor jurídico que se da al testimonio del hombre que al de la mujer en determinados delitos[7] también supone que sean más las mujeres condenadas a lapidación que hombres.

En la actualidad, son diez los países que establecen dicha forma de ejecución, aunque los únicos casos documentados en los últimos años son de Nigeria, Somalia, Indonesia e Irán[8]. A estos casos, habría que añadir los que se producen de forma silenciosa por los habitantes del lugar en algunas aldeas perdidas. Esto hace que no se conozca con certeza el número de lapidaciones que se realizan al año, ya que a la poca información que dan las autoridades de los países donde es permitida se une el desconocimiento de aquellas que han podido ser realizadas de forma ajena a las instituciones jurídicas estatales.

---

[7] GENOVESE, Michael A. *Mujeres Líderes en Política: Modelos y Prospectiva* (pág. 78). Narcea Ediciones, 1997.
[8] *Diario El País. Reportaje: Lapidación en Irán.* Victoria Torres Benayas. 9 de julio de 2010.

LINCHAMIENTO

El linchamiento es una forma extrajudicial de ejecución que supone la muerte del sujeto por parte de la masa popular. Dicha forma de ejecución ha sido, y es, la forma más espontánea de ejecución de la pena capital. Podríamos decir que el acto del juicio, la condena y la ejecución se realizan de modo casi simultáneo y sumarísimo, sin intervención de la autoridad estatal. En todo caso, en más de una ocasión se ha puesto de manifiesto cómo los propios agentes encargados de controlar el cumplimiento de la ley han participado de forma activa en el linchamiento; en otras ocasiones han permitido el mismo para evitar un conflicto con el pueblo enfervorizado. La forma de llevarse a cabo el linchamiento puede ser de lo más variada y utilizarse cualquier tipo de instrumento (palos, piedras, etc.) o las propias manos. El linchamiento quizás existiera en las sociedades primitivas y se ha mantenido a lo largo de la historia (aunque el término "linchamiento" es anglosajón). Como ejemplo del linchamiento en tiempos antiguos podemos recordar el del poeta trágico Melitos (también conocido como Meletos) en el siglo V a.C., que ya comentamos en el capítulo dedicado a la lapidación[1]

El origen de la palabra "linchamiento" se halla en la llamada "Ley Lynch". El fundamento de la misma se halla en la Ordenanza para el Gobierno del Territorio de los Estados Unidos, Noroeste del Río Ohio, de 1787. Tras la independencia, los Estados Unidos carecían de suficientes policías y jueces en las zonas que se iban conquistando a los nativos de norteamérica, por lo que se establecían, únicamente, unas normas penales básicas, dejando la ejecución de las mismas para el momento en el que el nuevo estado estuviera mejor organizado. Para resolver dicho problema se acuñó el término "Ley Lynch",

---

[1] Op. cit. GÓMEZ GARCÍA, Manuel (pág. 539).

una especie de norma penal de tipo consuetudinario según la cual era el pueblo el que ejecutaba al individuo sin necesidad de juicio previo. El origen concreto de dicha denominación es dudoso y se manejan las siguientes teorías[2]:

- Charles Lynch. Dueño de una plantación que acabó participando en la Guerra de Independencia de los Estados Unidos (1775-1783) y administrando la justicia en Virginia[3].
- William Lynch. Natural de Virginia y coetáneo de Charles Lynch. Sin embargo, algún autor señala que la atribución de ser el creador de la *Lynch Law* fue una invención del escritor Edgar Allan Poe[4].
- James Lynch Fitzstephen. Alcalde de Galway (Irlanda), que colgó a su hijo de un balcón tras ser éste acusado de asesinato y robo.
- Lynnchenberg. Distrito de Berlín (Alemania).
- El verbo *lynch*, que en inglés antiguo significaba "castigar".

El linchamiento se hizo muy popular en Estados Unidos y se siguió utilizando después de la Guerra de Independencia. Cobró especial protagonismo tras la Guerra de Secesión (1861-1865). Posteriormente, se abolió la esclavitud en Estados Unidos y grupos de antiguos esclavos se dedicaron a delinquir; esto motivó que se ajusticiara a toda persona de raza negra sospechosa de ser un delincuente o, sencillamente, para evitar que se instalara en el pueblo.

---

[2] Cfr. op. cit. MAS GODAYOL, José (pág. 114 y sig.)

[3] LYNCH, Charles. *The Yale Biographical Dictionary of American Law* (pág. 352). Yale University Press, 2009.

[4] Cfr. WALDER, Cristhopher. *The Many Faces of Judge Lynch: Extralegal Violence and Punishment in America* (pág. 19 y sig.) . Palgrave Macmillan, 2002.

En Sudáfrica, durante las décadas de los 80 y 90 del siglo XX, se dio un tipo de linchamiento característico denominado *necklacing*. Dicho sistema consistía en introducir el pecho y brazos de la víctima en un neumático, rociarlo con gasolina y prenderle fuego. Se aplicó en las comunidades negras a miembros de su propia comunidad acusados de colaborar con el gobierno sudafricano en los años en los que estaba vigente el *apartheid*. Sin embargo, dicho sistema no es sólo propio de esa época en Sudáfrica, sino que se ha extendido a otras zonas geográficas, como Haití o Brasil (en este último país en los ambientes relacionados con el tráfico de drogas)[5].

Uno de los últimos casos de linchamiento de los que se han tenido noticias fue el acaecido en el pueblo de Aljapan (México) el 19 de octubre de 2015. Allí, dos hermanos que realizaban encuestas sobre el consumo de tortillas fueron confundidos con unos secuestradores de niños que traficaban con órganos. La turba arrebató a los hermanos a la policía para ser apaleados y quemados ante unas mil personas[6].

---

[5] THOMPSON, Irene. *The A-Z of Punishment and Torture* (pág. 137). Book Guild Publishing, 2008.
[6] *Diario El País, 21 de octubre de 2015.*

PENA DEL SACO (*POENA CULLEI*)

Este tipo de ejecución era propio de la antigua Roma y era aplicado originariamente a los parricidas. La pena consistía en azotar con unas vergas de color sangre *(virgae sanguineae)* al reo y, tras ello, introducirlo desnudo y calzado con unos zuecos de madera y una capucha de piel de lobo en un saco *(culeus)* junto a cuatro animales: un perro, un gallo, una víbora y un mono. Posteriormente, el saco era lanzado a una corriente de agua, ya fuera el mar o un río; en el caso de que no hubiera agua cerca podía lanzarse a las fieras. La pena tenía el carácter de rito expiatorio *(procuratio prodigii)* dada la gravedad que suponía el parricidio para el orden social, sustentado en la autoridad del *pater familias*[1]. Sería en el siglo IV, bajo el emperador Constantino, cuando dicha pena también pasó a aplicarse al que causaba la muerte del hijo[2]. Posteriormente, Constancio y Constante (hijos de Constantino), ampliaron la pena a los adúlteros e introdujeron en el saco un pez, símbolo de la lujuria[3].

Sobre el simbolismo de los animales introducidos en el saco junto al parricida se han formulado numerosas hipótesis, ninguna plenamente esclarecedora. Se ha insistido en la condición de animales despreciables del perro[4] y la víbora, la percepción del mono como

---

[1] La muerte del hijo a manos del *pater* suponía un ejercicio legítimo de la patria potestad que fue considerado incivilizado conforme pasaban los siglos, pero seguía siendo legítimo.

[2] DAZA, Jesús. *Evolución Del Derecho de Familia en Occidente. Infanticidio y aborto en el Derecho Romano.* Universidad de Castilla La Mancha, 2006 (pág. 87).

[3] NÚÑEZ PAZ, Isabel. *Universitas Vitae. Homenaje a Ruperto Núñez Barbero. Algunas consideraciones sobre la pena de muerte en el Derecho de Familia Romano.* Universidad de Salamanca, 2008 (pág. 567 y ss.).

[4] Debemos recordar que la mala consideración del perro como animal impúdico no es propia de la Roma clásica y sí de la antigua Grecia (por

caricatura del hombre, la intención de que dichos animales persigan al parricida tras su muerte, etc. Daniel Sueiro dice que el perro era el símbolo de la rabia, el mono representaba al hombre privado de razón, el gallo al animal que se vuelve contra su propia madre y la víbora al que nace desgarrando el vientre de su madre[5]. Sin embargo, no es cierto que el gallo ataque a su madre directamente, aunque puede imponerse como dominante en el gallinero. Por otro lado, el nacimiento ovovivíparo de la víbora no es dañino para la madre. Como pone de manifiesto Eva Cantarella, quizás se introdujeran dichos animales en el saco con una doble finalidad: la primera sería para que atacaran al parricida haciendo la muerte más angustiosa; la segunda sería para que cuando se abriera el saco en un futuro se encontraran los restos de los cuatro animales junto con el de una persona y se supiera que el así ejecutado lo fue por uno de los delitos más despreciables para la cultura romana, el parricidio[6].

Si la explicación sobre el simbolismo de los animales ha hecho correr ríos de tinta, lo mismo sucede con los demás elementos presentes en la *poena cullei*: las vergas *sanguineae*, los zuecos de madera y la capucha de piel de lobo[7]. Por otro lado, con la *poena cullei* se conseguía castigar al parricida doblemente, ya que no sólo era privado de su vida, sino que, al no darle sepultura, se condenaba al alma del difunto a vagar sin destino, cumpliendo el agua un efecto purificador[8].

La pena del saco fue criticada duramente por intelectuales como Séneca o Cicerón (que la calificó de

---

ejemplo, al cínico Diógenes se le llamaba El Perro). Cfr. MORENO VILLA, Mariano. *Filosofia. Vol. III. ética, politica e historia de la Filosofia I* (pág. 449) Mad-Eduforma, 2003.

[5] Op. cit. SUEIRO, Daniel (pág. 241).

[6] *Cfr. op. cit. CANTARELLA, Eva (pág. 245 y sig.)*

[7] *Cfr. op. cit. CANTARELLA, Eva (pág. 256 y sig.)*

[8] MAS GODAYOL, José. *Historia de la pena de muerte* (pág. 24). Editorial Trimer, 1961.

inmane, atroce e incredibile[9]); sin embargo, a pesar de las críticas, sobrevivió varios siglos como pena ejemplarizante y simbólica. Tras la caída del imperio Romano se mantuvo en algunas legislaciones occidentales; por ejemplo, en el título VIII de *Las Siete Partidas*, referido a los homicidios, se establece que aquel que matara a su «hijo o nieto, padre, abuelo o bisabuelo, hermano, tío, sobrino, marido o mujer, suegro o suegra, padrastro, madrastra o entenado, y el que diera ayuda o consejo para tales muertes, si lo hiciere con armas o yerbas, pública o secretamente, será azotado ante todos y encerrado con un gallo, una culebra y un simio en un saco de cuero que, cosido, se arroje al mar o río más inmediato al lugar del delito[10]». Durante la Edad Media en el reino de Sicilia se lanzaban vivos al mar a los traidores envueltos en una tela o introducidos en un saco, aunque sin el acompañamiento de los animales de la clásica *poena cullei*. De esta forma murió, por ejemplo, Alaimo de Lentini, señor de Lentini y Messina, tras ser derrotado por Jaime II de Aragón en 1287. Actualmente, en italiano moderno, el verbo *mazzerare* significa lanzar una persona al mar introducida en un saco con una gran piedra dentro[11], sistema que aún hoy es utilizado por la mafia para asesinar a algunas de sus víctimas.

---

[9] MURGIA GIENER, José Luis. *El S.C. macedonio y las "actiones adiectitiae qualitatis"*. *Actas Del II Congreso Iberoamericano de Derecho Romano* (pág. 356). EDITUM, 1998.

[10] *Las Siete Partidas, ley séptima, tít. VIII.*

[11] VV.AA. D*izionario della lingua italiana* , *Vol. 3*. Unione tipografico-editrice, 1871

PRECIPITACIÓN

Esta forma de ejecución supone el lanzamiento del condenado desde lo alto de un lugar elevado. La precipitación podía hacerse con la persona ya fallecida o lanzándola viva al vacío, produciéndose la muerte al chocar con el suelo o al sufrir el sujeto un paro cardíaco durante la vertiginosa caída.

A lo largo de la historia, esta forma de ejecución se ha utilizado por varios pueblos en distintas épocas. En la mayoría de los casos se utilizaba la misma roca o precipicio para ejecutar la pena: el *barathron* en Atenas[1]; en Esparta, el monte Taigeto (utilizado también para despeñar a los bebés enfermos); en Roma, la roca Tarpeya[2]. Entre los hebreos no hay testimonios sobre la utilización de dicha forma de ejecución salvo cuando Jehú ordenó lanzar a Jezabel por una ventana, luego pasó por encima con su carro y finalmente ordenó que su cadáver fuera devorado por los perros (II Libro Reyes, 9: 30-37). Aparte de la Biblia, en el II Libro de los Paralipómenos, un príncipe de Judea ordena arrojar desde lo alto de una roca a diez mil idumeos cautivos tras una batalla[3].

En el Fuero de Béjar (fines s. XII) se establecía la pena de despeñamiento para determinados delitos. Se aplicaba al bígamo (la bígama era quemada), al que «ficier fuerza a monja» o al que «vendier armas o conducho a moros o ge las llevare»[4]. Un siglo más tarde,

---

[1] Cfr, op. cit. CANTARELLA, Eva (pág. 89 y sig.)

[2] LEDESMA, Juan Antonio. *La imagen social de las personas con discapacidad: estudio en homenaje a José Julián Barriga Bravo* (pág. 182). CERMI, 2008

[3] PASTORET, Claude-Emmanuel-Joseph-Pierre. *Moyses considerado como legislador y moralista* (pág. 258). Cano, 1798

[4] QUADRADO, José María. *España : sus monumentos y artes, su naturaleza e*

Alfonso X el Sabio prohibió en Castilla el despeñamiento junto con la lapidación y la crucifixión en *Las Siete Partidas* (siglo XIII)[5]. Sin embargo, no por ello debemos pensar que la forma de ejecución aquí analizada dejó de utilizarse. Es muy conocida la muerte de los hermanos Carvajal que mezcla realidad y leyenda. La historia cuenta cómo en 1310 fue asesinado Juan de Benavides, uno de los caballeros de confianza del rey castellano Fernando IV (1285-1312), en la localidad de Martos (Jaen). Por este delito fueron detenidos, sin demasiado fundamento, los hermanos Pedro y Juan de Carvajal, miembros de la Orden de Calatrava. El rey los condenó a muerte sin estudiar la posibilidad de que fueran inocentes, tal y como parecía. La condena consistió en amputarles manos y pies, introducirlos en una jaula con numerosas puntas afiladas en su interior y arrojarlos cuesta abajo desde la Peña de Martos; la jaula se detuvo, con los hermanos muertos y sus cuerpos llenos de sangre, en un lugar donde se erigió una cruz (que aún puede verse), denominada Cruz del Lloro por las lágrimas que derramaron los habitantes del pueblo por la ejecución de unos inocentes. Se dice que los hermanos Carvajal, antes de ser ajusticiados, le dijeron al rey que tendría que comparecer ante Dios por la injusticia de su condena en el plazo de un mes; casualidad o no, el rey falleció, repentinamente, a los treinta días de la ejecución de los hermanos[6].

Del caso clásico de precipitación, que consistía en arrojar al sujeto desde lo alto de un precipicio, surgieron algunas variantes de entre las que destacan la estrapada y la garrucha que, aunque fueron utilizadas más bien como instrumento de tormento, también acabaron con la vida de alguien en más de una ocasión, ya fuera

historia. Tomo 3 (Salamanca, cap. IX Béjar). Biblioteca Virtual Miguel de Cervantes, 1999.

[5] *Las Siete Partidas, ley sexta, tit., XXXI.*

[6] ÁVILA GRANADOS, Jesús. *El Libro Negro de La Historia de España* (pág. 88 y ss.). Ediciones Robinbook, 2008

deliberadamente o de forma accidental. La estrapada consistía en atar al reo con cuerdas a lo alto del techo o a una viga y dejarlo caer violentamente de manera que se descoyuntaran los miembros. Como era frecuente que se colgara de una garrucha o polea, también fue conocido como "tormento de la garrucha". El conocido verdugo Henri Sanson dice que se utilizó en muchas ocasiones «para dar la muerte» aumentándose la violencia del descolgamiento al colocarse de los pies del sujeto una piedra de doscientas cincuenta y dos libras[7]. La garrucha era similar a lo que Sanson llamó la "cala seca", que equivalía a una pena de muerte entre los marineros, en la que el condenado era elevado hasta la verga mayor[8] y se dejaba caer sobre el puente; la "cala seca" se distinguía de la "cala ordinaria" (también llamada "cala mojada"), en que la caída se producía sobre el mar, no siendo extraño que se le colgara de los pies una bala de cañón, precipitando al condenado al mar una o varias veces según la pena que hubiera cometido[9].

Aunque en los siglos recientes la precipitación ha sido una forma recurrente para deshacerse de un cadáver más que como medio para causar la muerte, no debemos pensar que dicha forma de ejecución fue cosa del pasado. En el caso de España, uno de los casos más famosos de precipitación fue el hecho ocurrido durante la Guerra Civil Española, cuando miembros de la Federación Anarquista Ibérica (FAI) despeñaron a varias personas en la noche del 3 al 4 de diciembre de 1936 desde el acantilado de Cabo Mayor (Santander), tres de las cuáles fueron devueltas por la marea con las manos

---

[7] Op. cit. SANSON, Hneri (pág. 6).

[8] Siendo la verga la percha labrada a la que se asegura la extremidad de la vela. La verga recibe el nombre del palo en el que se encuentra, utilizándose en estos casos la verga del palo mayor.

[9] Op. cit. SANSON, Henri (pág. 32). También dice Sanson en su obra que dicha pena se aplicaba a las «mujeres de mala vida y a los blasfemos» en Marsella y Burdeos, aunque en estos casos se les encerraba en una jaula de hierro y se les sumergía varias veces en el agua (limitada a tres veces mediante un decreto de 1806).

atadas y la boca cosida con alambre[10]. También podemos recordar los llamados "vuelos de la muerte", ocurridos durante la dictadura argentina (1976-1983), en los que los sospechosos de realizar actividades contrarias al régimen eran secuestrados, narcotizados y embarcados en aviones desde los que eran lanzados al mar. Se desconoce el número de víctimas mortales por este medio que, aún hoy en día, sigue siendo objeto de investigación judicial a la que se han añadido testimonios de coparticipación de la Fuerza Aérea Uruguaya[11]. Antes de los ocurridos en Argentina existen indicios de que se produjeron otros "vuelos de la muerte" en México desde el año 1975 hasta 1979; en estos casos las personas eran previamente ejecutadas, pero hay testimonios que afirman que había personas que eran lanzadas con vida[12].

En enero de 2015, el autodenominado Estado Islámico difundió unas imágenes en las que un homosexual era lanzado desde una azotea[13].

En conclusión, aunque pueda pensarse que la precipitación es un caso típico de suicidio, también se ha aplicado esta pena de forma más o menos organizada o institucional a lo largo de la historia.

---

[10] MONTERO MORENO, Antonio. *Historia de la persecución religiosa en España, 1936-1939* (pág. 352). Editorial Católica, 1961

[11] Cfr. MARTORELL, Francisco, *Operación cóndor. El vuelo de la muerte*, Editorial LOM, 1999; *Diario el Mundo, 28 de noviembre de 2012; Diario Los Andes, 11 de agosto de 2005.*

[12] Cfr. CASTELLANO, Laura, *México Armado 1943-1981* (pág. 160 y sig.), Ediciones Era, 2007; Aristegui Noticias, 31 de marzo de 2013; *Semanario Proceso, 7 de noviembre de 2002.*

[13] *Diario El Mundo, 18 de enero de 2015.*

SILLA ELÉCTRICA

La silla eléctrica es un sistema que se ha ido perfeccionando conforme ha pasado el tiempo, pero básicamente responde al siguiente esquema: una sala en cuyo centro se encuentra una silla con varias correas que, a su vez, se sitúa sobre una plataforma de caucho. El procedimiento de ejecución es el siguiente:

- Las esponjas de los electrodos son sumergidas previamente, y durante varias horas, en un ácido especial para asegurar su efectividad.
- Al reo se le afeita la cabeza y una de las piernas (generalmente la derecha) para que la corriente recorra su cuerpo con más facilidad.
- El condenado es llevado a la sala y es atado con las correas.
- Al reo se le coloca una especie de casco de cuero donde va conectado el ánodo, mientras que en la pantorrilla se fija el cátodo.
- Se lee el decreto que le condena a morir y, en la mayoría de casos, un guardia le cubre el rostro con un capuchón negro.
- Tras ser desalojada la sala, en la que sólo queda el condenado, la electricidad es activada por el verdugo oficial, uno de los guardias de la prisión o un electricista especializado desde una sala aparte. En el caso de que una descarga no fuera suficiente, podría darse orden de dar una o más descargas hasta que la muerte quede acreditada. En algunos lugares se colocaban hasta cuatro palancas, de manera que sólo una activaba la corriente para que nadie supiera quién había sido el ejecutor directo de la muerte.[14]

---

[14] Cfr. SUEIRO, Daniel (pág. 178-181).

La creación de la silla eléctrica coincidió con el descubrimiento de que la electricidad podía ser controlada y utilizada para diversos fines. A fines del siglo XIX, un dentista llamado Alfred Southwick había visto cómo un hombre se electrocutaba al tocar un generador y esto le dio la idea de crear una silla que suministrara electricidad de alto voltaje que causara la muerte en un instante y evitara, al menos teóricamente, el sufrimiento del condenado. Southwick inventó en 1881 la primera silla eléctrica y ésta fue usada para sacrificar animales en lugar del disparo o la asfixia (métodos utilizados mayoritariamente hasta el momento), tras ser respaldada por la Society for Prevention of Cruelty to Animals que apreció que utilizar la electricidad con los perros hacía que murieran «de forma instantánea y, aparentemente, sin dolor»[15]. El mismo Southwick entendió que dicha silla podía ser utilizada en la ejecución de los reos en lugar de la horca, al ser más rápido e indoloro[16]. Mientras tanto, dos facciones luchaban por hacerse con el dominio del nuevo mercado de la electricidad: la de Thomas Edison, que defendía la corriente continúa conducida a través de cables subterráneos y, frente a ella, la corriente alterna conducida por cables aéreos promocionada por la compañía de George Westinghouse, basándose en los conceptos de Nikola Tesla. Con ocasión del fallecimiento de un obrero cuando colocaba unos cables de alta tensión, Edison aprovechó el accidente para difundir los peligros de la corriente alterna. Para ello mandó construir una silla alimentada con corriente continua, que uno de sus empleados, llamado Harold Pitney Brown, se encargó de llevar por los Estados Unidos a diferentes ferias y mercados desde 1888. En dicha gira, Brown llevaba con él la silla en la que eran colocados distintos animales (perros, gatos, conejos, terneros, etc.) que eran

15 KING, Gilbert. *The Execution of Willie Francis: Race, Murder, and the Search for Justice in the American South*. Basic Books, 2009.
16 CLIFF, C. *Capital Punishment: A Bibliography With Indexes* (pág. 59). Nova Science Publishers, Inc., 2003.

electrocutados mediante un sistema de corriente alterna. En 1903, el espectáculo patrocinado por Edison llegó a electrocutar a un elefante que tenía por nombre Topsy. Los espectáculos siguieron realizándose durante casi dos décadas en numerosos pueblos y ciudades norteamericanos con la intención de demostrar que la corriente alterna era peligrosa y de que la balanza se inclinara finalmente a favor de la comercialización de la corriente continua, cosa que no ocurrió, ya que la corriente alterna fue la que acabó utilizándose para el suministro eléctrico[17]. La fama de las sillas eléctricas de Edison y de Southwick hizo que se estudiara la posibilidad de utilizarlas en la ejecución de personas, tal y como este último defendía. El estado de Nueva York fue el primero en establecer la silla eléctrica como método de ejecución en 1889. El mismo Edison propuso nombres alternativos para la silla eléctrica, como "dinamort", "electromort" y "ampermort", aunque ningunó propsperó[18]. La primera condena a la silla eléctrica fue a Joseph Chapleau, de origen franco-canadiense, condenado por asesinato, aunque finalmente su pena fue conmutada por la de cadena perpetua[19]. Finalmente, el primer ejecutado por medio de la silla eléctrica fue William Kemmler, un alcohólico de origen alemán que había matado a su novia con un hacha. Su abogado impugnó la orden de ejecución por considerar que constituía una violación de la Octava Enmienda (que prohibe las penas crueles e inusuales). Dicha impugnación fue apoyada por George Westinghouse al creer que iba a crear una opinión pública desfavorable al uso de la electricidad mediante corriente alterna. Sin embargo, la ejecución fue llevada a cabo al ser desestimadas dichas alegaciones por la Corte Suprema[20]. La ejecución de William Kemmler no fue todo

---

17 REJALI, Darius. *Torture and Democracy* (pág. 124-126). Priceton University Press, 2007.
18 SEITZ, Trina N. *A Story of Execution Methods in the United States.* *Handbook of Death and Dying* (pág. 360). SAGE, 2003.
19 Cfr. WALLER, Altina. *The Chapleau-Tabor Murder.* Conflict and Accommodation In North Country Communities, 1850-1930 (pág. 5-23). University Press of America, 2005.

lo rápido e indolora que se esperaba ya que, tras una primera descarga de 1300 voltios, el médico fue a certificar la muerte cuando comprobó que aún estaba vivo y fue necesario darle una segunda descarga que llegó hasta los 2000 voltios que, aparte de causar la muerte del reo, provocó que numerosos vasos sanguíneos reventaran y que la cara empezara a sangrar, impregnándose la cámara de un fuerte olor a carne quemada[21]. Ante el cruel espectáculo, Westinghouse dijo que «podrían haberlo hecho mejor con un hacha[22]». La silla se utilizó de nuevo el 7 de julio de 1891 con una cuádruple ejecución sobre la que el *New York Times* escribió que la muerte fue «instantánea, sin el menor dolor aparente, sin desfiguraciones ni contorsiones repugnantes» y que había «hecho callarse a los adversarios de esta innovación»[23]; sin embargo, hubo dudas a la hora de asegurarse de la muerte de los condenados por lo que todos los ejecutados tuvieron que recibir entre dos y cuatro descargas cada uno[24]. Una polémica y estrepitosa ejecución se realizó el 27 de julio de 1893 en la persona de William Taylor. Con la descarga eléctrica la silla se rompió y el reo cayó hacia delante semiconsciente, debiendo ser sedado con cloroformo y morfina mientras se arreglaba la silla, que no estuvo lista hasta una hora y nueve minutos después, pudiendo llevarse a cabo la ejecución, esta vez sin fallo aparente[25]. La silla eléctrica fue aprobada progresivamente como medio de ejecución en numerosos

---

20 SHABAS, William A. *The Death Penalty As Cruel Treatment and Torture: Capital Punishment Challenged in the World's Courts* (pág. 180). Northeastern University Press, 1996.
21 Según testimonio de 7 de agosto de 1890 del periodista del New York Times, presente en la ejecución. Citado por op. cit. SHABAS, William A. (pág. 180-181).
22 SKRABEC, Quentin R. *George Westinghouse: Gentle Genius* (pág. 120). Algora, 2007.
23 *New York Times, de julio de 1891*. Citado en op. cit. SUEIRO, Daniel (pág. 177).
24 BRANDON, Chaig. *The electric chair. An unnatural American history* (pág. 203). McFarland, 1999.
25 KUREK, Albert S. The Troopers Are Coming II: New York State Troopers 1943-1985 (pág. 153-154). 2007

estados de los Estados Unidos de Norteamérica: Ohio (1896), Massachusset (1898), New Jersey (1906), Virginia (1908), etc.[26] María Barbella, emigrante italiana residente en Nueva York, fue la primera mujer condenada a la silla eléctrica tras haber matado a su amante en abril de 1895; sin embargo, en 1896 fue absuelta en apelación tras reconocerse que padecía problemas mentales[27]. Martha M. Place fue la primera mujer ejecutada en la silla eléctrica tras ser condenada por el asesinato de su hijastra en 1898, cumpliéndose la sentencia el año siguiente. A mediados de 1950, la mayoría de los estados norteamericanos utilizaban la silla eléctrica como medio de ejecución oficial. Además, dicho procedimiento se extendió por el mundo y formó parte del sistema penal de varios países como Perú, Guatemala o Filipinas.

Son muchos los que creen que la efectividad de la silla como medio de ejecución indoloro e instantáneo está fuera de toda duda, ya que una descarga de alto voltaje produce la destrucción celular y la muerte del sistema nervioso en décimas de segundo, de manera que no llega a ser perceptible por el electrocutado y el colapso se produce sin dolor alguno. Ahora bien, la teoría es contradicha por la práctica en numerosos casos bien documentados, ya sea por errores técnicos o humanos. Los casos en los que la silla no funcionó como debiera en su primera descarga, siendo necesarias una segunda o sucesivas descargas, se dieron sobre todo en sus inicios, perfeccionándose el sistema conforme pasaban los años. En 1903 fue ejecutado Fred Van Wormer, pero la certificación de fallecimiento no debió de ser exacta, ya que comenzó a moverse en la camilla de la autopsia hasta que finalmente murió. En Florida, en el año 1927, Jim Williams esperó veinte minutos en la "silla caliente" a que se recibiera la orden de activar la corriente sin que

---

26 BANNER, Stuart. *The Death Penalty: an American history* (pág. 189). Harvard University Press, 2003.
27 Cfr. PUCCI, Joana. *The Trials of Maria Barbella*. Doubleday Publishing Group, 1997

nadie se decidiera a hacerlo; tras la espera fue conducido a su celda y la Junta de Indultos decidió conmutar la pena de muerte por la cadena perpetua al entender que el tiempo de espera le había hecho sufrir más que la propia ejecución de la pena capital. En 1954, Arthur Lee Grimes fue sentado en la silla en Alabama y, tras sufrir la descarga, el médico comprobó que su corazón aún latía y comenzó a recuperar la consciencia, jadear e intentar respirar antes de expirar tras siete minutos de agonía. Asimismo, también hubo casos particulares como el de Donald Snyder quien, al entrar en el corredor de la muerte, pesaba 68 kgs. y comenzó a comer con la intención de engordar lo suficiente para no caber en la silla, alcanzando los 136 kgs.; sin embargo, a pesar de su tamaño, no hubo problema para que cupiera en la silla y fuera electrocutado en 1953[28].

En la actualidad, la silla eléctrica está vigente en China y Filipinas. En algunos estados norteamericanos aún coexiste con la inyección letal y se da opción al reo de elegir el sistema con el que quiere morir. En otro sentido, en el estado de Tenessee se aprobó en el año 2014 una ley que permite utilizar la silla eléctrica en el caso de que no se puedan conseguir las sustancias necesarias para la inyección letal. La última ejecución mediante la silla eléctrica en los Estados Unidos se produjo en el estado de Virginia, cuando Robert Gleason fue ejecutado el 16 de enero de 2013[29].

---

28 SIFAKIS, Carl. *The Encyclopedia of American Prisons* (pág. 69-73). Facts on File, 2003; Death Penalty USA http://deathpenaltyusa.org/usa1/state/new_york6.htm
29 Robert Gleason deseaba morir para evitar seguir matando y eligió la silla eléctrica porque ya que debía morir, prefería «hacerlo sentado» en lugar de tumbado. *Diario el País, 18 de enero de 2013.*

VIVISEPULTURA

Dicha forma de ejecución consistía en enterrar viva a una persona. La forma concreta de llevarla a cabo podía variar: enterrándola directamente y echando tierra sobre su cuerpo, introduciéndola viva en un ataúd y procediendo a un "entierro en vida", encerrándola en una habitación o espacio en la pared, etc. La muerte devenía por la falta de oxígeno o por hambre y sed.

En Grecia, la vivisepultura aparecía en el famoso mito de Antígona, que fue condenada por su propio tío Creonte (rey de Tebas) a ser sepultada viva por haber enterrado al traidor Polinices, hermano de Antígona[30]. Creonte conmutó la pena de lapidación a Antígona por la de vivisepultura por ser una mujer. Esto pone de manifiesto cómo en la Grecia clásica la lapidación, y en general las ejecuciones públicas, eran poco frecuentes cuando la víctima era una mujer, optándose por la ejecución en privado y sin que su muerte se convirtiera en espectáculo público. En el mito de Antígona, ésta fue hallada ahorcada en el momento en el que iba a ser liberada del sepulcro en el que fue encerrada. En Grecia, además, existían ritos iniciáticos que consistían en un descenso bajo tierra, que simbolizaba la muerte, seguido de una ascensión, símbolo de resurrección; por ejemplo, este ritual se llevaba a cabo en Atenas durante las fiestas Panatenaicas con unas muchachas que eran llamadas Arreforas[31].

En el caso de Roma, la pena de ser enterrado vivo era una pena principalmente femenina y privada, al

---

[30] En la Grecia clásica todo cadáver debía ser enterrado, pero Creonte prohibió dar sepultura al cuerpo de Polinices por traidor para dificultar su paso al otro mundo.

[31] Op. cit. CANTARELLA, Eva (pág. 24-25).

contrario de lo que ocurría con los hombres, que solían ser ejecutados en público ante una masa enfervorecida[32]. Un caso particular en el que se imponía la pena de ser enterrado vivo era el de las vírgenes vestales que incumplían sus votos de celibato. Así, Plutarco, al hablar de la vida del segundo rey de Roma, Numa Pompilio (s. VIII-VII a.C), menciona cómo había una casita subterránea dedicada, específicamente, a la ejecución de dicha pena para las vestales; en esa casita había una cama, pan, leche y aceite para que la condenada subsistiera durante unos días. Esta práctica se mantuvo a lo largo de los siglos, siendo enterradas vivas en el Campus Sceleratus (en el Quirinal), junto al Templo de Vesta[33], mientras que el amante era fustigado hasta la muerte. Sin embargo, el testimonio del mismo Plutarco da a conocer que hubo casos en los que las vestales que incumplían su voto no eran enterradas vivas ya que, al referirse a la vida de Fabio Máximo (s. III a.C.), dice que «habían sido seducidas dos de las vírgenes vestales, la una fue enterrada viva, como es costumbre, y a la otra se le dio muerte»[34]. No especifica cómo se ejecutó a esta última, pero sí se deduce que al menos en este caso, y quizás en otros, hubo vírgenes vestales que fueron ejecutadas de distinta manera que por la vivisepultura. Asimismo, de los tiempos de Roma también se conservan varios escritos que hablan de mártires cristianos enterrados vivos, por ejemplo san Vidal[35].

---

[32] Sin embargo, dicha apreciación no significa que la vivisepultura no llegara a utilizarse en alguna ocasión en los hombres. Georg. Andr. Ioachim, Hieronymus W. Arnold. *Diss. iur. de vivi sepultura delicto et poena*. Langenhemil, 1732.

[33] LUMISDEN, Andrew. *Remarks on the antiquities of Rome and its environs: being a classical and topographical survey of the ruins of that celebrated city* (pág. 236). Printed by W. Bulmer and Co. Cleveland Row, for G. and W. Nicol, 1812.

[34] PLUTARCO, *Vidas paralelas, tomo II, Fabio Máximo* (Cap. XVIII).

[35] CROISET, Jean. *Año christiano o Exercicios devotos para todos los días del año* (pág. 538 y sig.). D. Joachin Ibarra, a costa de la Real Compañía de Impresores y Libreros del Reyno, 1781.

No debemos pensar que la pena de ser enterrado vivo era un sistema de ejecución de los "clásicos". En la zona que actualmente es Colombia, el zipa de Bacatá, llamado Nemequene (¿?-1514) dictó varias normas, entre ellas que el adúltero debía ser enterrado vivo con reptiles venenosos en un lugar cubierto bajo una gran piedra[36].

El emparedamiento es una variedad de la vivisepultura que consiste en encerrar a una persona en una pequeña habitación o entre dos paredes. Era frecuente en la Península Ibérica durante la Edad Media y a principios de la Edad Moderna el emparedamiento voluntario de mujeres. El auge del emparedamiento voluntario se produjo en el siglo XVI y desapareció definitivamente a principios del siglo XIX. En algunos casos consistían en emparedamientos individuales, mientras que en otros formaban pequeñas comunidades. En el caso de que fueran menores de edad necesitaban el consentimiento de sus padres o parientes y, en su caso, de su director espiritual. Dicho emparedamiento voluntario solía hacerse a modo de penitencia por mujeres solteras o viudas que no pertenencian a ninguna orden religiosa. Para la práctica del emparedamiento se acondicionaba una pequeña habitación que, en muchos casos, era contigua a una iglesia desde la que podían oír misa. Dentro de la celda podía no haber ningún mueble o como mucho una cama y, si acaso, una mesa y una silla. La habitación estaba incomunicada con la excepción de una pequeña puerta o ventana que sólo se abría para suministrar agua, alimentos y retirar el cubo en el que hacía las deposiciones. Las mujeres emparedadas no salían nunca o casi nunca, finalizando su encierro de manera voluntaria o, lo que era más frecuente, falleciendo en su celda. Las emparedadas llegaron a gozar, en tiempo de los Reyes Católicos, de la exención en el pago de impuestos y fueron alabadas por gran parte del clero de la época[37]. Popularmente eran conocidas

---

[36] ZERDA, Liborio. El Dorado (pág. 121). Universidad del Rosario, 2010.

como *sorores, madres* o *hermanas* aunque, como hemos dicho, no pertenecían a ninguna orden religiosa. Alguna emparedada llegó a ser declarada beata o santa, como santa Potenciana de Villanueva (s. XV-XVI). Frente al emparedamiento voluntario, el establecido como castigo por el ordenamiento penal fue algo extraño en Europa durante la Edad Media y la Edad Moderna sin que fuera recogido por los ordenamientos jurídicos consuetudinarios o escritos. Sin embargo, sí hubo casos de emparedamientos impuestos por la autoridad, como el ocurrido en el siglo XIII en Valencia, donde una condesa prófuga de su marido se amancebó con un pescador y, tras ser descubierta, fue encerrada en una torre por su marido con consentimiento del rey Jaime I; en dicha torre permaneció la condesa encadenada y alimentada parcamente hasta su muerte.[38]

En pleno siglo XX, concretamente tras la toma de Nanking (China) en 1937 por el ejército imperial japonés, se asesinó a un número indeterminado de civiles (entre 100.000 y 300.000, según las distintas versiones), muchos de ellos enterrados vivos[39].

En definitiva, hemos comprobado cómo a lo largo de la historia el atávico temor a ser enterrado vivo también fue utilizado por el poder institucional como forma de ejecución de la pena capital.

---

[37] Sin embargo, en ocasiones también tuvo sus restricciones. Por ejemplo, en un sínodo diocesano de Valencia celebrado en 1556 se privó a las emparedadas de la visita de un sacerdote para oficiar misa en el lugar del emparedamiento salvo en «artículo de muerte», es decir, cuando una de las emparedadas estaba próxima a morir.

[38] Cfr. ORELLANA DE, Marcos Antonio. *Tratado histórico-apologético de las mujeres emparedadas (aumentado con algunas notas y aclaraciones de Juan Churat y Saurí)*. Imprenta de la Casa de la Beneficencia, 1887.

[39] CHAPEL, Joseph. *Denial of the Holocaust and the Rape of Nanking*. UCSB History 133P proseminar, 2004.

LÁMINAS
E
ILUSTRACIONES

ANIMALES COMO INSTRUMENTOS DE EJECUCIÓN

ARROJADOS A LAS FIERAS

Detalles de mosaicos romanos

APLASTAMIENTO POR ELEFANTE

An Execution by an Eliphant

Ilustración contenida en el libro
*An Historical Relation of the
Island Ceylon* (1681).

Ilustración contenida en el libro *Le Tour du Monde* (1868).

CUANDO EL ANIMAL ES EL EJECUTADO

Reproducción del desaparecido fresco de la ejecución de
la cerda de Falaise de la Iglesia de la Santa Trinidad
recogido
en el libro *The criminal prosecution and capital
punishment
of animals* (1906).

Ejecución de la elefanta Mary en 1916.

ASFIXIA

Martirio y estrangulamiento de Santa Beatriz de Roma
según un grabado de Antonio Tempesta (1555-1630).

CÁMARA DE GAS

Cámara de gas de gas de la penitenciaria de Nuevo México (Estados Unidos).

CICUTA

La muerte de Sócrates (1787).
Autor: Jacques-Louis David (1748-1825).

CRUCIFIXIÓN

Algunas variantes de crucifixión según Justo Lipsio en su obra
De Cruce Libris III (edición de 1594)

DECAPITACIÓN

Ilustración de las Crónicas de Froisart (s. XIV) en las que se recoge una decapitación por medio de la espada.

GUILOTINA

La ejecución de Luis XVI (1793)
Autor: Georg Heinrich Sieveking (1751-1799).

DESCUARTIZAMIENTO

Ejecución de Robert François Damiens (1775) según una lámina del libro *Los Misterios del cadalso: Memorias de siete generaciones de verdugos (1688-1847)*

Grande hazaña, con muertos (1810-1814). Serie *Desastres de la Guerra*. Autor: Francisco de Goya (1746-1828).

EMPALAMIENTO

Vlad Draculea comiendo ante el "bosque de empalados".
Grabado en madera de la portada de un folleto de 1499
publicado por Markus Ayrer.

Empalamiento según Justo Lipsio en su obra
De Cruce Libris III (edición de 1606)

FUSILAMIENTO

El fusilamiento de Maximiliano (1867). Óleo sobre lienzo obra de Édouard Manet (1832-1883).

Fusilamiento de José Rizal el 30 de diciembre de 1896 en Manila (Filipinas), obligado a ser fusilado de espaldas al ser condenado por traición.
Autor de la fotografía: Manuel Arias Rodríguez.

FUSTIGACIÓN HASTA LA MUERTE

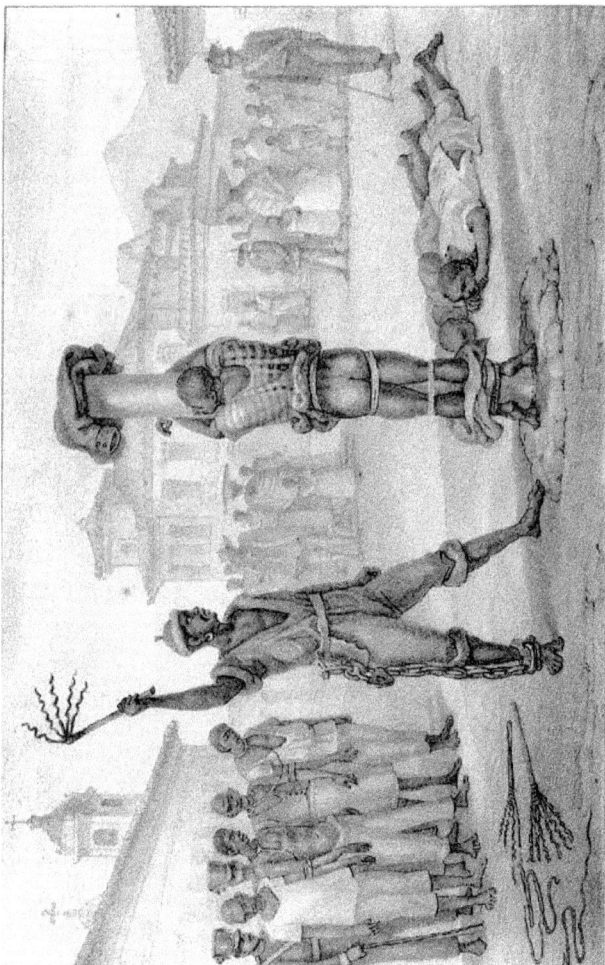

L'exécution de la punition de fouet. Jean-Baptiste Debret (1768-1848)

GARROTE

El agarrotado (1790). Grabado al aguafuerte obra de
Francisco de Goya (1746-1828).

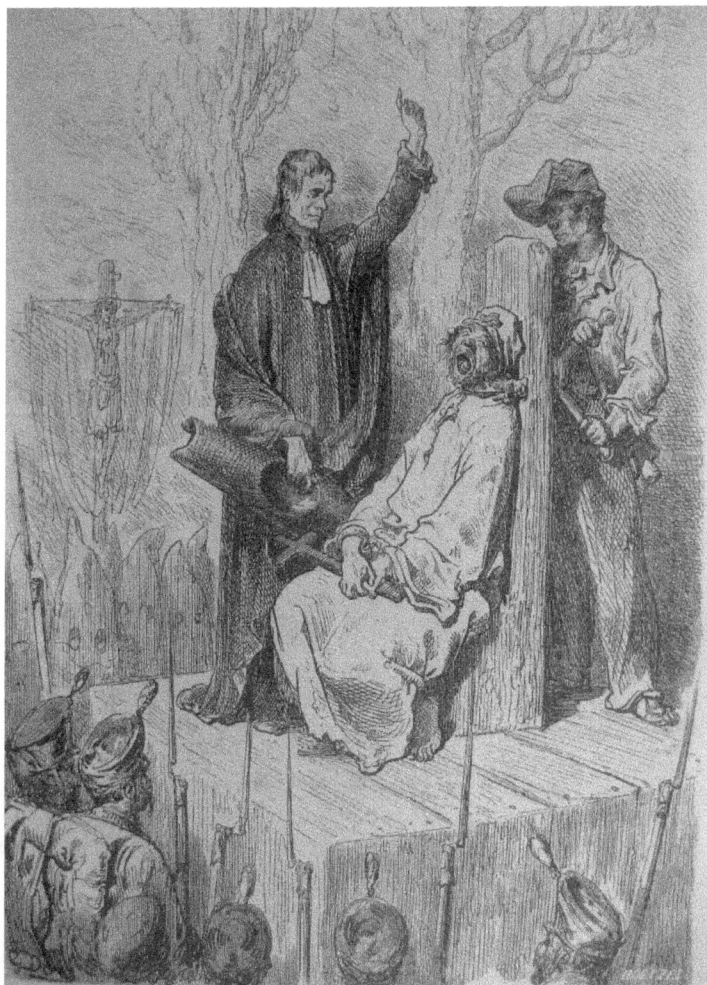

Ejecución a garrote de un asesino en Barcelona en 1873, de la serie *Viaje por España* (1874). Obra de Gustave Doré (1832-1883).

HOGUERA

Ejecución en Amsterdam de Anneken Hendriks,
acusada de ser menonita. En este caso se le llenó la
boca de pólvora, fue atada a una escalera y lanzada a la
hoguera. Grabado de Jan Luyken (1649-1712).

HORCA

The Manner of Execution at Tyburn. Ilustración del siglo XVIII.

Tyburn Tree. Ilustración de 1680.

Tampoco (1810-1814). Serie Desastres de la Guerra.
Autor: Francisco de Goya (1746-1828).

INYECCIÓN LETAL

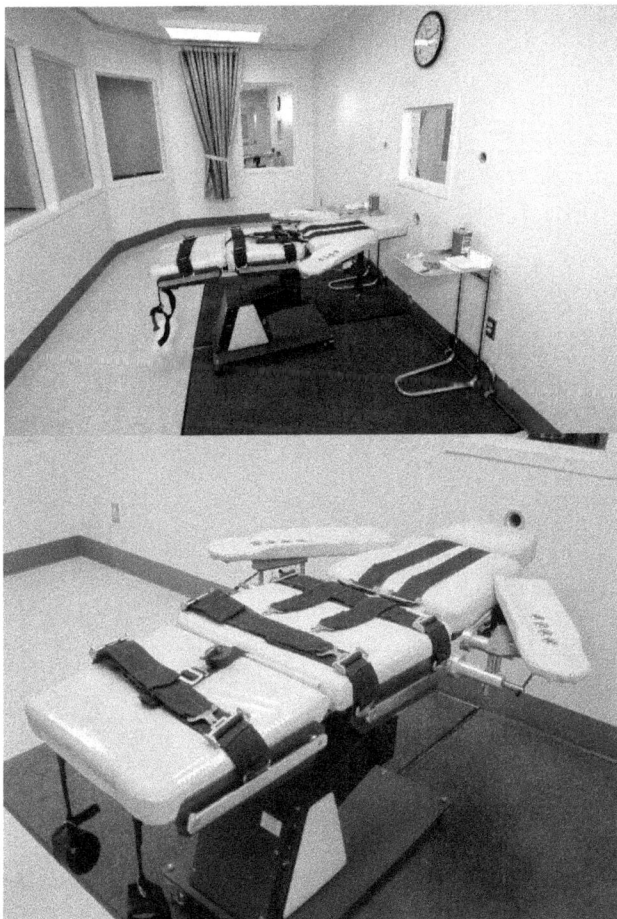

Sala de ejecuciones de la prisión de San Quintín, California (EE.UU.) y detalle de la camilla en la que el reo recibe la inyección letal.

LAPIDACIÓN

Lapidación. Ilustración contenida en *El Primer nueva corónica y buen gobierno* (1615), obra de Felipe Guamán Poma de Ayala (s. XVI-XVII).

LINCHAMIENTO

Linchamiento y horca de un ladrón de caballos (apróx. 1900).

Linchamiento de Laura Nelson y su hijo (1911).

Imágenes como éstas se utilizaron como postales en Estados Unidos hasta 1908, año en el que el U.S. Postal prohibió la utilización en el correo postal de dibujos o fotografías que incitaran al incendio o al asesinato [1].

---

[1] WOOD, Amy Louise. *Lynching and Spectacle* (pág. 109). The University of North Carolina Press, 2008.

PENA DEL SACO (*POENA CULLEI*)

Mosaicos en los que aparecen representados los animales utilizados en la ejecución de la *poena cullei*.

PRECIPITACIÓN

El estrapado (1633). Grabado número 10 de la serie *Miserías de la guerra*. Jacques Callot (1592-1635)

SILLA ELÉCTRICA

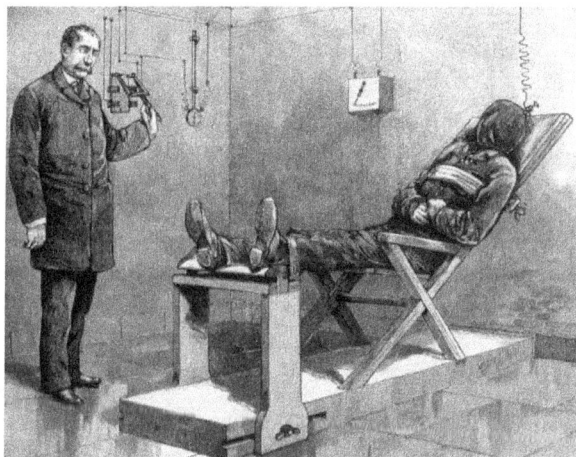

Ejecución de Electricidad - El Presidente y el aparato utilizado para producir la muerte (1889). C. Bunnell.

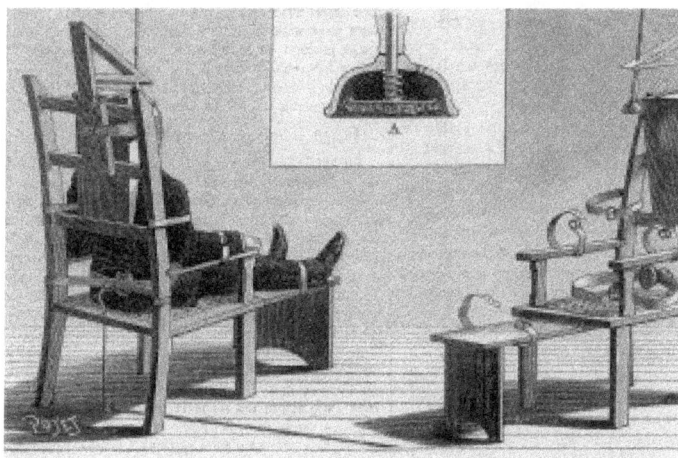

La silla eléctrica en 1890. Louis Poyet.

Silla eléctrica que se usó en la prisión de Huntsville,
en el estado de Texas (Estados Unidos).

VIVISEPULTURA

Ilustración del libro *La muy devota oración de la emparedada* (s. XV).

ÍNDICE

COLECCIÓN TÁNTALO

Nº 1: MIGUEL HERNÁNDEZ GILABERT - Opúsculo poético
Antonio Rodríguez Lorca
Nº 2: SUSURROS AL OÍDO DE MI NOCHE - Relatos cortos
José Manuel Serrano Cueto
Nº 3: POEMAS DE AMOR Y LUNA - Poesía
Antonio Rodríguez Morales
Juan Carlos Pedrosa Frende
Nº 4: PLAZAS DE TOROS DE LA PROVINCIA DE CÁDIZ - Ensayo
Francisco Javier Orgambides Gómez
Nº 5: DOS ANDALUCES EN POEMAS Y CANTES (2ª edición) - Opúsculo poético
Antonio Rodríguez Lorca
Nº 6: LA EDAD TEMPRANA - Ensayo
José Manuel Gutiérrez Fernández
Nº 7: EL SENTIR DE LA VIDA - Poesía y prosa
Emilio Monjas Zorzo
Nº 8: VIVENCIAS DE UN PUEBLO - Relato
Emilio Monjas Zorzo
Nº 9: SORAYA - Poesía
José Manuel Serrano Cueto
Nº 10: TODO POR TI - Poesía
Juan M. Ponce Alegre
Nº 11: ALCANDORAS - Poesía
Antonio Rodríguez Lorca
Nº 12: CÓCTEL DE LUCES Y SOMBRAS - Poesía y prosa
Antonio Rodríguez Lorca
Nº 13: SALA DE ESPERA DEL EXPRESO AL PARNASO (2ª edición) - Poesía
Antonio Rodríguez Lorca
Nº 14: AMISTADES DE EROS - Poesía
Antonio Rodríguez Lorca
Nº 15: POÉTICA DEL BALONMANO (2ª edición) - Poesía
Antonio Rodríguez Lorca
Nº 16: EL TEMPLO DE LOS ESPEJOS - Novela corta
Antonio Rodríguez Lorca
Nº 17: ATARDECERES - Poesía
José María Álvarez Galván
Nº 18: INSISTENCIA SOBRE UN MISMO PUNTO - Novela
Isabel Berdugo Conesa
Nº 19: LOS BESOS DE SELENE Y EL MUNDO QUE NOS RODEA - Poesía y prosa
Antonio Rodríguez Morales
Nº 20: LA FELICIDAD DEL ALZHEIMER - Novela histórica
Antonio Rodríguez Lorca
Nº 21: LO QUE SUCEDIÓ Y NUNCA VOLVERÁ - Poesía
Antonio Rodríguez Lorca
Nº 22: F. G. LORCA : SU VIDA, SU OBRA Y MI CRÍTICA
Poesía y prosa (en español e inglés)
Autor en español: Antonio Rodríguez Lorca
Traductor al inglés: José Manuel Cano Franco
Nº 23: PRISIONERO DE LA LUNA, EL SOL Y LAS ESTRELLAS FUGACES - Poesía
Antonio Rodríguez Lorca
Nº 24: CHANTAJE, AMOR Y SANGRE - Drama póstumo
Antonio Pérez Guadix
Nº 25: TAN LEJOS Y TAN CERCA. LA RELACIÓN ENTRE CÁDIZ Y EL RÍO DE LA PLATA - Ensayo
Antonio Rodríguez Morales
Nº 26: EL TREN DEL EMIGRANTE Y OTROS RELATOS - Relatos (Obra póstuma)
Antonio Pérez Guadix

N° 27: EL TERROR MILENARIO - Novela
Isabel Berdugo Conesa
N° 28: PRISIONERO DE LA LUNA, EL SOL Y LAS ESTRELLAS FUGACES (6 NARRACIONES PARA MAYORES DE 15 AÑOS) (2ª Edición) - Prosa
Antonio Rodríguez Lorca
N° 29: LA DESTRUCCIÓN DE TÁJAR (PIEZA TEATRAL EN 14 MOMENTOS) - Teatro
Antonio Rodríguez Lorca
N° 30: NARRACIÓN DE UNA VIDA ANDALUZA (AUTOBIOGRAFÍA)
Antonio Rodríguez Lorca
N° 31 : EL SIGLO DE ORO ESPAÑOL - Ensayo
Isabel Berdugo Conesa
N° 32: DROGA EN LA GUERRA FRÍA - Ensayo
Isabel Berdugo Conesa
N° 33: PINK FLOYD: VIAJE A LA IMAGINACIÓN - Ensayo
Isabel Berdugo Conesa
N° 34: RELATOS PARA MIS NIETOS - Relatos
Francisco Martínez Mera
N° 35: RELATO DE UN DEPRIMIDO - Relato
Antonio Rodríguez Lorca
N° 36: DESGARROS - Relato
Marpa
N° 37: TUNDRA - Poesía
Salvador Moreno Díaz
N° 38: SENUME DEL VIENTO - Poesía
Salvador Moreno Díaz
N° 39: LAS HIPÉRBOLES ANDALUZAS Y BENIGNO - Novela
Antonio Rodríguez Lorca
N° 40: HIMNO DE HUETOR TÁJAR
Antonio Rodríguez Lorca
N° 41: UN BAÚL SIN ZAPATOS - Poesía
Salvador Moreno Díaz
N° 42: LAS HIPÉRBOLES ANDALUZAS Y BENIGNO (2ª Edición) - Novela
Antonio Rodríguez Lorca
N° 43: LA FELICIDAD DEL ALZHEIMER (Reedición) - Novela histórica
Antonio Rodríguez Lorca
N° 44: MIS VERSOS SIN REMEDIO - Poesía
Francisco Martínez Mera
N° 45: LABERINTOS DE AMOR - Poesía
Salvador Moreno Díaz
N° 46: VERSIÓN JAPONESA - Poesía
Antonio Jesús Martínez Delgado
Juan Antonio Sevilla Blanco
Francisco Javier Martínez Delgado
N° 47: UN VIEJO EN LAS ÚLTIMAS - Poesía
Antonio Rodríguez Lorca
N° 48: LILIPUT Y LA BITÁCORA - Relato
Isabel Berdugo Conesa
N° 49: LAS HIPÉRBOLES ANDALUZ Y BENIGNO (3ª Edición) - Novela Histórica
Antonio Rodríguez Lorca
N° 50: MIRA TÚ POR DONDE - Poesía
Francisco Javier Martínez Delgado
N° 51: ACUÉRDATE DE HUÉTOR TÁJAR (2ª Edición) - Poesía
Antonio Rodríguez Lorca
N° 52: HISTORIA DE HUÉTOR TÁJAR - Historia
Antonio Rodríguez Lorca
N° 53: EL ZAGALILLO PESCADOR - Relatos
Álvaro Amores Gil
N° 54: EL SIGLO DE ORO ESPAÑOL (2ª Edición) - Ensayo
Isabel Berdugo Conesa
N° 55: DISTENSIÓN TRAS LA GUERRA FRÍA - Ensayo
Isabel Berdugo Conesa
N° 56: GEOMETRÍA ANALÍTICA PARA LA DISTENSIÓN - Ensayo
Isabel Berdugo Conesa